ALANO

DER COMPUTER ALS SCHIEFERTAFEL
ODER NEUE WEGE AUF DEM WEG ZUR SCHRIFT

Lesen und Schreiben lernen mit Hilfe computerunterstützter Medien

LUDWIG JÄGER
JOHANNES STOFFERS
HGG.

RADER
PUBLIKATIONEN

Die Deutsche Bibliothek - CIP-Einheitsaufnahme

Der Computer als Schiefertafel oder neue Wege auf dem Weg zur Schrift : lesen und schreiben lernen mit Hilfe computerunterstützter Medien / Ludwig Jäger ; Johannes Stoffers (Hg.). - 1. Aufl. - Aachen : Alano, Rader-Publ., 1992
    ISBN 3-89399-115-8
NE: Jäger, Ludwig [Hrsg.]

© 1992 by Alano Verlag/Rader Publikationen
Kongreßstr. 5, D-5100 Aachen
Druck: Becker-Kuns, Aachen
Alle Rechte vorbehalten

1. Auflage
ISBN 3-89399-115-8

Inhaltsverzeichnis

Vorwort 7

Ludwig Jäger
Schriftkultur im technischen Zeitalter 9

Rudolf Müller
Schriftspracherwerb und Schriftsprachstörungen 37

Barbara Kochan
Möglichkeiten und Grenzen des computerunterstützten Unterrichts ... 49

Renate Hackethal
Computerunterstützter Unterricht mit dem Kieler Leseaufbau und
dem Kieler Rechtschreibaufbau 61

Franz Biglmaier
Rechtschreibtraining mit dem PC 75

H.H. Ellermann & G.W.G. Spaai
Schulungssoftware für Leseanfänger 85

Günter Koch & Wolf-Rüdiger Naussed
COKOS I + II: Programmpakete für die Förderung des
Schriftspracherwerbs in einer pädagogisch-psychologischen
Lernumgebung 97

Christof Krischer
Lesenlernen mit der Gleitzeile 107

Renate Birgit Grebe
Entwicklung und Ausbau der Schreib-/Lesefertigkeit mit dem
audio-visuellen Schreibaufbausystem (AUWIESEL) 113

Tina Detheridge
CONCEPT KEYBOARD and WORD PROCESSING for
children with learning difficulties 123

Rita Huppertz & Johannes Stoffers
Die dritte Chance? Gezielte Leseförderung erwachsener
Analphabeten mit der Gleitzeile 131

Vorwort

Die neuen Informations- und Kommunikationstechnologien - und vor allem natürlich der Computer - haben unsere Welt in wenigen Jahrzehnten wesentlich verändert.
Ob am Arbeitsplatz oder in der Freizeit - der Computer ist ein unverzichtbarer Gebrauchsgegenstand geworden. Rechnergestützte Programme steuern die Produktion an Fertigungsbändern, organisieren den innerbetrieblichen Nachschub an Fertigungsteilen und überwachen den Flugbetrieb von Flughäfen. Mit ihrer Hilfe werden Datenbanken verwaltet, Korrespondenzen geschrieben, Druckvorlagen für Zeitungen und Bücher erstellt. Computerprogramme steuern Waschmaschinen, machen Autofahren sicherer, ermöglichen die Display-Technik moderner Video-Kameras. Auch als Medium für den Unterricht wird der Computer in der Zukunft eine große Rolle spielen.
Noch vor wenigen Jahren war der Computer für viele Pädagogen im Unterricht noch unvorstellbar und im schulischen Alltag nicht wünschenswert. Dies hat sich in den letzten Jahren entscheidend geändert. Mittlerweile wird er von vielen Lehrern als neues Lernmedium ernstgenommen. Emotionen sind sachlichen Fragen gewichen, die sich auf Funktion und Einsatzmöglichkeiten des neuen Mediums sowie auf Erfahrungen bei seiner Verwendung im pädagogischen Umfeld beziehen.
Dies gilt auch für den Einsatz des Computers beim schulischen und außerschulischen Lesen- und Schreibenlernen sowie zur Behebung von Schriftsprachstörungen.
Als motivierendes kreatives Schreibinstrument, aber auch als geduldiger Lernpartner zum Einüben elementarer Lese- und Schreibfertigkeiten kann er in der Hand des erfahrenen Pädagogen zum nicht mehr entbehrbaren Lernmedium werden. Hier stehen wir erst am Anfang einer zur Zeit nicht absehbaren Entwicklung.
Um so wichtiger ist der Informationsfluß zwischen Soft- und Hardware-Entwicklern und Anwendern sowie solchen, die es werden wollen.
Das Symposion "Neue Techniken zum Erwerb der Schriftsprache", das 1988 in Zusammenarbeit mit dem Arbeitskreis Leseförderung e.V. und mit Unterstützung des Forschungszentrums Jülich am Lehrstuhl für Deutsche Philologie des Germanistischen Instituts der RWTH Aachen stattfand, versuchte eine Informationsbörse für Soft- und Hardware-Entwickler sowie Anwender zu sein.
Der vorliegende Sammelband der Symposionsvorträge möchte die Diskussion über Lesen und Schreiben lernen mit Hilfe computerunterstützter Medien anregen und zugleich ihre ersten Ansätze dokumentieren.
Zugleich bietet er interessierten Pädagogen konkrete Informationen über derzeit existierende Hard- und Software für den unterstützenden Einsatz beim Schriftspracherwerb.

Ludwig Jäger   Johannes Stoffers

Ludwig Jäger
Schriftkultur im technischen Zeitalter

1. Zur Phylogenese der artikulierten Wortsprache des Menschen

Die Herausbildung der Sprachfähigkeit ist sicher eines der konstitutiven Ereignisse in der Phylogenese des Menschen; sie umfaßt deshalb nicht zufällig in etwa den gleichen Zeitraum der Gattungsgeschichte, der für die Genese des Homo sapiens sapiens selbst seit der Trennung seiner Vorläufer von den Pongiden notwendig war, nämlich ungefähr 4 Millionen Jahre.

Dieser Zeitraum, an dessen Anfang ein heute unbekannter Hominide steht, dessen Entwicklung sich von der der Gorillas und Schimpansen abgekoppelt hatte, ist geprägt durch eine geradezu dramatische Vergrößerung des Gehirnvolumens seiner Nachfolger:
Von einem Ausgangsvolumen von etwa 350 Kubikzentimetern brachte die Evolution bereits dem Australopithecus (4 - 2,5 Millionen Jahre) ein Volumen von 450 Kubikzentimetern, dem ersten Repräsentanten des Genus Homo, dem Homo habilis (2,5 - 1,5 Millionen Jahre) 600 Kubikzentimeter, dem Homo erectus (1,5 Millionen - 500.000 Jahre) 1000 Kubikzentimeter und schließlich dem Neandertaler, der vor ungefähr 100000 Jahren lebte, ein Volumen von 1.500 Kubikzentimetern. Das Volumen des rezenten Menschen, der vor ungefähr 40.000 Jahren auf der Bühne erschien, beträgt etwa 1.400 Kubikzentimeter.

Es ist eine in der Forschung weithin unumstrittene These, daß die Vergrößerung des Gehirnvolumens - die einherging mit der Aufrichtung des Körpers, mit der Entwicklung einer Werkzeugkultur und mit der, spätestens beim Neandertaler nachgewiesenen Existenz von Bestattungsriten und Feuerbenutzung - eng mit der Genese der artikulierten Wortsprache des Menschen verknüpft ist: Popper hat deshalb die These vertreten, "daß die allerersten Anfänge der Sprache wahrscheinlich mit dem noch nicht vergrößerten Gehirn zusammenfallen, daß aber die Sprache sehr bald zu einer Zunahme der Gehirngröße führte." (K. R. Popper, J. C. Eccles 1987, 538).

Es ist insofern sicher nicht übertrieben zu sagen, daß die Herausbildung des Homo sapiens sapiens und seiner überlegenen kognitiven Ausstattung in einer vier Millionen Jahre dauernden Evolution interdependent verflochten ist mit der Genese der menschlichen Sprachfähigkeit (vgl. etwa J. Monod 1975, 119). Die artikulierte Wortsprache ist ein speziesspezifisches und ein spezieskonstitutives Merkmal des Menschen.

2. Zu den Funktionen der artikulierten Wortsprache des Menschen

Die artikulierte Wortsprache des Menschen wird durch zwei zentrale Funktionen geprägt, deren eine eher die Spur der gattungsgeschichtlichen Herkunft des Homo sapiens sapiens markiert, während die andere eher die emergente Stufe der kognitiven Überlegenheit des Menschen über die höchst entwickelten Primaten anzeigt, wobei allerdings zu beachten ist, daß beide Funktionen eng aufeinander bezogen sind:

- Die erste der beiden Funktionen möchte ich die kommunikative Funktion der Sprache nennen; die kommunikative Funktion dient - wie auch teilweise hochentwickelte tierische Kommunikationsformen - den Mitgliedern einer sozialen Gruppe zur Verhaltenskoordination (vgl. hierzu H. R. Maturana, F. J. Varela 1987; G. Osche 1987, 509ff). Auch in vielen Formen tierischer Kommunikation hat das Ausdrucksverhalten von Mitgliedern einer Population den Zweck, das Verhalten von Ko-Mitgliedern in sozialen Situationen zu regulieren. Während jedoch auch in den höchst entwickelten Arten tierischen Ausdrucksverhaltens die Ausdrucksformen nur für das rezipierende Individuum bedeutsam - und insofern nicht-intentional sind, ist es für einen Großteil menschlicher Ausdrucksformen charakteristisch, daß sie sowohl für das ausdrucksgebende, als auch für das ausdrucksrezipierende Individuum Bedeutung haben. Wir können diesen Sachverhalt auch so formulieren: die artikulierte Wortsprache des Menschen ist - im Gegensatz zur tierischen Kommunikation - auch in ihrer kommunikativen Funktion intentional. Gattungsgeschichtlich scheint der Übergang von einem nicht-intentionalen kommunikativen Verhalten zu intentionalem kommunikativem Handeln und zu der hiermit verknüpften kognitiven Funktion der Sprache mit einem Prozeß zusammenzuhängen, den man den Prozeß der kommunikativen Selbstgewahrwerdung nennen könnte. Mead hat diesen Übergang als den Übergang von Gesten, die nur für rezipierende Individuen bedeutsam sind, zu signifikanten Symbolen beschrieben. Signifikante Symbole sind vokale Gesten, die aufgrund ihrer audio-akustischen Natur anderen Gesten im Hinblick auf die Ausbildung der spezifisch menschlichen Sprachfähigkeit überlegen sind: "Die vokale Geste ist also wichtiger als alle anderen Gesten. Wir können uns selbst nicht sehen, wenn unser Gesicht einen bestimmten Ausdruck annimmt. Aber wir hören uns selbst sprechen und sind daher zur Aufmerksamkeit fähig" (G. H. Mead 1973, 105). "Bei der vokalen Geste hört das Wesen den von ihm selbst ausgelösten Reiz genauso, wie wenn sie von anderen Wesen gesetzt wird" (G. H. Mead 1973, 104). Aus dieser reflektiven Natur der vokalen Geste leitet sich für Mead ihre spezifische Signifikanz und ihre zentrale Stellung für die Genese der menschlichen Kognition ab: "Das macht die vokale Geste so besonders wichtig: sie ist einer jener gesellschaftlichen Reize, der das gebrauchende Wesen auf die gleiche Weise beeinflußt, wie er es beeinflussen würde, wenn er von einem anderen Wesen käme. Das heißt, daß wir uns selbst sprechen hören können, wobei die Bedeutung des Gesagten für uns die gleiche ist wie für andere" (G. H. Mead 1973, 101f).

- Die zweite Funktion der Sprache möchte ich ihre kognitive oder wirklichkeitskonstitutive Funktion nennen; W. von Humboldt hat diese Funktion in dem Satz zusammengefaßt, daß die Sprache "das bildende Organ des Gedanken" sei. Die Sprache ist - wie Konrad Lorenz formulierte - "das wichtigste Organ des begrifflichen Denkens" (K. Lorenz 1987, 287). Diese zentrale Funktion für das begriffliche Denken erhält die Sprache dadurch, daß sie eine wesentliche Voraussetzung für höhere crossmodale Abstraktionsleistungen darstellt, also für Leistungen wie etwa die Konstruktion der begrifflichen Einheit eines gesehenen, gehörten und gefühlten Objektes: "Die Sprache bringt Ordnung in Ereignisse, indem sie ihre Klassifikation zuläßt, und sie liefert ein Werkzeug für die Darstellung abwesender Gegenstände und für ihre hypothetische Behandlung in unserem Geist. Wegen alledem erscheint es wesentlich, daß ein zentraler Mechanismus vorhanden sein muß, um die Teilung zwischen verschiedenen Sinnen zu überschreiten, um ein gefühltes Objekt durch ein gesehenes Objekt zu identifizieren und beides mit dem Objekt, das wir benennen können; (...) Die Sprache befreit uns in hohem Maße von der Tyrannei der Sinne" (H.-L. Teubers 1967, zit. nach. K. R. Popper, J. C. Eccles 1987, 372). Wie wiederum Mead gezeigt hat, wird die Sprache gerade insofern zu einem Organ des begrifflichen Denkens, als sie über die Kommunikation signifikanter Symbole jenen gesellschaftlichen Prozeß ermöglicht, in dem Objekte und Sachverhalte als Objekte und Sachverhalte kategorial konstituiert werden: "Die Sprache symbolisiert nicht einfach Situationen oder Objekte, die schon vorher gegeben sind; sie macht die Existenz oder das Auftreten dieser Situationen oder Objekte erst möglich, da sie Teil des Mechanismus ist, durch den diese Situationen oder Objekte geschaffen werden" (G. H. Mead 1973, 117).

Bereits vor der Erfindung der Schrift hat also die Sprache auf dem Niveau signifikanter Symbole als kommunikativ-kognitives Vermögen die kognitive Leistungsfähigkeit des Menschen in dramatischer Form erweitert, wenn sie auch - wie wir noch sehen werden - spezifischen, mit der Oralität gegebenen Grenzen unterworfen bleibt:

sie erlaubt die interindividuelle Konstitution abstrakter Begriffe (E. Oeser, F. Seitelberger 1988, 99) und die soziale Herausbildung von Ich- und Selbstbewußtsein;

sie macht die in Wortzeichen konstituierte begriffliche Einheit von Gegenständen und Sachverhalten erinnerbar und antizipierbar (G. Osche 1987, 511);

sie ermöglicht den hypothetischen Umgang mit Begriffen, also mit abstrakten Wirklichkeitsäquivalenten und ist damit eine wesentliche Voraussetzung für Handlungsplanung und Handlungskoordination (E. Oeser, F. Seitelberger 1988, 96);

sie eröffnet neben dem Imitationslernen an einem (anwesenden) Demonstrationsobjekt ("Modellernen") ein vom Objekt unabhängiges, sprachvermitteltes Lernen, das eine kognitiv hochstehende Variante des bei sozial lebenden Wirbeltieren verbreiteten Lernens durch soziale Anregung darstellt (G. Osche 1987, 504ff, 511), und

sie konstituiert schließlich mündliche Tradition als eine Vorform von Geschichte, indem sie - wie Konrad Lorenz formulierte - "erworbene Eigenschaften vererbbar" macht (K. Lorenz 1987, 65), also - so Osche - eine Traditionsbildung ermöglicht, in deren Verlauf "durch Lernen erworbene Modifikationen des Verhaltens von Generation zu Generation weitergegeben" werden können (G. Osche 1987, 505).

Zusammenfassend läßt sich sagen, daß die in der Gattungsgeschichte des Menschen evolvierten Funktionen der Sprache, ihre kommunikative und ihre kognitive Funktion, dieser einen quasi transzendentalen Charakter verleihen; die Sprache ist eine notwendige Bedingung für die spezifische Ich- und Weltkonstitution des Homo sapiens sapiens (vgl. hierzu insgesamt L. Jäger 1989). Allerdings muß diese Feststellung insofern eingeschränkt werden, als für die vor ca. 40.000 Jahren abgeschlossene Herausbildung der menschlichen Sprachfähigkeit bis zur Erfindung der Schrift eine spezifische Einschränkung gilt: die Sprachlichkeit des Menschen stand im wesentlichen unter der Bedingung oraler Kommunikativität; die kognitive Leistungsfähigkeit der menschlichen Sprache fand ihre natürlichen Grenzen in der eingeschränkten kognitiven Reichweite mündlicher Kulturen, die charakterisiert waren etwa durch die Bindung eines nicht verobjektivierbaren Wissens an menschliche Wissensträger, durch eine oral interaktive Wissenstradition und -vermittlung und durch ein homöostatisches Zeitbewußtsein (vgl. hierzu näher 3.1.2.1 und 3.1.2.2, ebenso 4.3).

3. Die anthropologische Sprachfähigkeit des Menschen und die Erfindung der Schrift

Die Entwicklung der artikulierten Wortsprache des Menschen kann mit dem Auftreten des Homo sapiens sapiens vor ca. 40.000 Jahren als abgeschlossen gelten. Seit dieser Zeit gehört die Sprachfähigkeit zur anthropologischen Grundausstattung des Menschen, in dessen Genom sie als "allgemeiner Sprachtypus" (W. von Humboldt) verankert ist.

Unter den Bedingungen je spezifischer kultureller und sprachlicher Umwelten wird die Sprache seither in der Ontogenie auf der Grundlage der allgemeinen anthropologischen Sprachfähigkeit als besondere Muttersprache gelernt. Das Sprachlernen ist dabei ein sowohl individuierender als auch sozialisierender Prozeß: individuierend insofern, als sich die je spezifische Lernumgebung und die je besonderen Lernbedingungen des Spracherwerbs prägend auf die Lernentfaltung der allgemeinen Sprachfähigkeit zur besonderen muttersprachlichen Individualkompetenz des Einzelnen auswirken; und sozialisierend insofern, als Lernumgebung und Lernbedingungen neben ihren idiosynkratischen Eigenschaften vor allem durch die interindividuellen Strukturmerkmale einer bestimmten Einzelsprache bestimmt sind.

Eine ganz fundamentale Veränderung haben die kulturellen und sprachlichen Umwelten und damit auch die Lernumgebungen und Lernbedingungen des Sprachlernens beim Homo sapiens sapiens durch eine Erfindung erhalten, die er vor etwa 5.000 Jahren gemacht hat: die Erfindung der Schrift. Die Erfindung der Schrift, der Übergang also von einer reinen Oralität zu einer Literalität, in der die Oralität nur noch eine abgeleitete Rolle zu spielen in der Lage war, hat die Sprachfähigkeit des Menschen in einen völlig neuen Bedingungsrahmen gestellt, einen Bedingungsrahmen, dessen Wirkungsmächtigkeit - gerade auch im Lichte der jüngsten Entwicklungen der Schriftkultur im Rahmen der Informationsgesellschaft - so nachhaltig sein könnte, daß Auswirkungen auf die seit beinahe 40.000 Jahren voll entfaltete Sprachfähigkeit des Homo sapiens sapiens nicht auszuschließen sind. Die Schrift hat ja - bereits in ihren frühesten Ausprägungen - nicht nur eine ganz neue Organisationsqualität gesellschaftlicher und ökonomischer Prozese ermöglicht, sie hat auch Aufschreib-, Speicher- und Rezeptionssysteme sowie literale Institutionen ihrer kulturellen Nutzung hervorgebracht, die zweierlei bewirkt haben: einmal eine fortschreitende technologische Medialisierung der ursprünglich interaktiv-direkten Form oraler Kommunikation und zum zweiten eine enorme Ausweitung und eine grundlegende Veränderung der kognitiven Funktion der Sprache. Ein Blick auf die Geschichte der Schriftkultur scheint mir deshalb insbesondere im Hinblick auf die Frage sinnvoll zu sein, ob nicht die Erfindung der Schrift eine Entwicklungsdynamik in Gang gesetzt hat, die zwar eine Kognisierung der ursprünglich eher oral-kommunikativen Sprachfähigkeit des Menschen, aber um den Preis ihrer zunehmenden Technologisierung bewirkt hat.

3.1 Schriftkultur und ihre Medien: die Technologisierung des Wortes

Die folgenden Bemerkungen haben sicherlich nur einen sehr vorläufigen Charakter; sie haben den Sinn, die Entwicklung der Schriftkultur in einigen ihrer wesentlichen Aspekte als Technologisierungsgeschichte der Wortsprache des Menschen skizzenhaft zu beleuchten. Dabei wird die Frage im Vordergrund stehen, welche allgemeinen Auswirkungstrends auf die Sprachfähigkeit des Menschen einmal

(1) mit der technologisch induzierten Genese und Entfaltung der literalen Welt und ihrem indirekten Einfluß auf die ursprüngliche Oralität und zum zweiten

(2) mit der im 19. Jahrhundert zusätzlich einsetzenden direkten Technologisierung der Oralität in den audio-visuellen Medien verknüpft sind.

3.1.1 Zentrale Elemente der Schriftkultur

Walter J. Ong hat seinem inzwischen klassischen Buch über "Oralität und Literalität" den Untertitel "Die Technologisierung des Wortes" (W. J. Ong

1987) gegeben. In der Tat ist die Geschichte der Schriftkultur die dreieinhalbtausendjährige Geschichte der Technisierung der oralen Kommunikation durch die Erfindung und Fortentwicklung der zentralen Medien der Schriftkultur: der Schriftsysteme, der Schreib-, Druck- und Lesetechniken und der Schriftträger: "Die Schrift, der Druck, die Computertechnologie - das sind Meilensteine der Technologisierungsgeschichte des Wortes." (W. J. Ong 1987, 83)
Wie systematisch dabei die Bausteine der Schriftkultur - Schriftsysteme, Techniken des Schreibens, Druckens und Lesens und Schriftträger - in ihrer technologischen Entwicklung voneinander abhängen, kann leicht aus dem Umstand ersehen werden, daß die Gutenbergsche Erfindung des Buchdrucks mit beweglichen Lettern 1450 - und damit die Schreibmaschine und die Computertastatur als Eingabesystem von Rechnern - ohne die Erfindung der semitischen Alphabetschrift um 1500 vor Christus und insbesondere die der vollständigen Alphabetschrift durch die Griechen um 800 vor Christus ebensowenig hätte erfunden werden können, wie etwa eine Ausbreitung des Buchdrucks angesichts des knappen und deshalb teuren Pergaments ohne die Erfindung des Papiers, das Ende des 13. Jahrhunderts aus China in Europa eingeführt wurde (S. H. Steinberg 1988, 25), nicht möglich gewesen wäre.
Die Schriftkultur ist also - das sollte die knappe Skizze verdeutlichen - ein System von interagierenden Elementen, das als Ganzes erst die Entfaltung der Institutionen und Medien der literalen Welt und den Umbau des kognitiven Leistungsapparates des literalisierten Menschen bewirkt hat.

3.1.2 Die Auswirkungen der Schriftkultur auf die Sprachfähigkeit des Menschen

Ich habe oben davon gesprochen, daß die Erfindung und Entwicklung der Schriftkultur die anthropologische orale Sprachfähigkeit des Menschen in ein völlig neues Bedingungsgefüge stellt. Die ursprüngliche Oralität des Menschen wird literalisiert und im Zuge dieser Literalisierung in ein Netz von neu entstehenden und sich ausdifferenzierenden technischen Medien und kommunikativen Institutionen eingewoben, die nicht nur die gesellschaftlichen Entfaltungsbedingungen der menschlichen Sprachfähigkeit grundlegend verändern, sondern die unter Umständen auch Kognition und Sprache selber, insoweit sie im Genom verankert sind, strukturell tangieren könnten. So weitreichend diese Hypothese zu sein scheint, so eindrucksvoll sind die Indizien, die zu ihrer Plausibilisierung herbeigezogen werden können. Welches sind also die Befunde, die eine solche These rechtfertigen?

3.1.2.1 Die Trennung des Wissens vom Wissenden

Zuerst einmal kann generell mit Walter J. Ong davon gesprochen werden, daß das Schreiben insofern als eine der wichtigsten technologischen Entwicklungen der Menschheit betrachtet werden muß, als es das Herauslösen der sprachlichen Verständigung aus ihrem ursprünglich oral-auralen

Zusammenhang bewirkt hat (W. J. Ong 1987, 87). Da die Schrift nicht - wie die orale Kommunikation - in eine soziale Situation eingebettet ist, die den Sprachproduzenten und den Rezipienten am gleichen Ort und Zeitpunkt umfaßt, da sie vielmehr gerade von solchen Situationen abstrahiert, trennt sie das Wissen vom Wissenden, entkleidet es seiner interaktiv-personalen Gestalt und führt so zu seiner Externalisierung und Objektivierung, der mit Blick auf die intrapsychischen Wirkungen eine kognitive Entlastungsfunktion (Ong 1987, 114, 123) zugeschrieben werden kann.

Allerdings muß hierbei beachtet werden, daß gerade die Erfindung der älteren piktographischen Schriften zu einer teilweise extremen Monopolisierung des Wissens in kleinen Gruppen von Schriftkundigen geführt hatte. So stellen etwa die mesopotamische und die ägyptische Schrift komplexe, schwierig zu erlernende Schriftsysteme dar, die jeweils mehrere hundert Zeichen umfaßten und deren Verwendung das Privileg einer schmalen, spezialisierten Schicht von 'Kopfarbeitern' war (vgl. M. Kuckenburg 1989, 210). Ebenso umfaßt etwa das K'angshi Wörterbuch des Chinesischen aus dem Jahre 1716 die ehrfurchtgebietende Zahl von 40545 Schriftzeichen, so daß selbst eine nur einigermaßen geläufige Kenntnis der chinesischen Schrift ein zwanzigjähriges Studium voraussetzt.

Erst die Erfindung der Alphabetschrift, die vergleichsweise leicht erlernbar ist und insofern das in ihr aufbewahrte Wissen auch leichter zugänglich macht, hat hier die prinzipielle Voraussetzung für eine Demokratisierung des Wissens (W. J. Ong 1987, 89f, 93) geschaffen. Daß diese Voraussetzung eine zwar notwendige, nicht aber eine hinreichende Bedingung für den Abbau alter Wissensmonopole darstellt, kann die Rolle des Schullateins im mittelalterlichen und frühneuzeitlichen Europa illustrieren, das als quasi universale Gelehrtensprache in einer Vielfalt von nationalen und dialektalen Muttersprachen die Wissensmonopole der Republica Christiana begründete (vgl. W. J. Ong 1987, 114; S. H. Steinberg 1988, 123ff).

Die Herauslösung und Vergegenständlichung der Sprache in der Schrift und die hiermit verknüpfte "Etablierung von Objektivität" (W. J. Ong 1987, 114) hat nun zu einer grundlegenden Veränderung der Form menschlicher Kognitivität geführt, die den französischen Prähistoriker Leroi-Gourhan deshalb wohl zu Recht dazu veranlaßte, die Schrift als den Übergang "vom mythologischen Denken zum rationalen Denken" (Leroi-Gourhan 1980, 263), als - wie man mit Claude Lévi-Strauss formulieren könnte - den Übergang vom "wilden zum zivilisierten Zustand des Denkens" zu charakterisieren. Der hohe gattungs- und kulturgeschichtliche Stellenwert, der der Erfindung der Schrift und der Entwicklung der Schriftkultur in den Bemerkungen Leroi-Gourhans und Lévi-Strauss' zugebilligt wird, läßt sich auch durch die folgende Feststellung des amerikanischen Neuropsychologen K. H. Pribram illustrieren: "Einen wesentlichen Anteil an dem Entstehen eines veränderten Sinnes für die Wirklichkeit hatte mit großer Wahrscheinlichkeit die Erfindung der Schrift. Niedergeschriebenes hebt sich von der persönlichen Welt der Erlebnisse und

Erfahrungen ab; was man in Schriftsymbolen ausdrückt, können auch andere lesen. (...) Die Erfindung der Schrift und die Verbreitung der Druckmedien haben zweifellos den Wirklichkeitsbezug des menschlichen Denkens beeinflußt." (K. H. Pribram 1988, 41)
Ein solcher Befund läßt sich auch durch Forschungsergebnisse des sowjetischen Psychologen A. R. Lurija bestätigen; dieser führte in entlegenen Gebieten Usbekistans und Kirgisiens vergleichende Untersuchungen zur Struktur der menschlichen Kognition mit nichtliteralisierten (oralen), schwach literalisierten und literalisierten Personen durch, deren zentrales Ergebnis sich in der These zusammenfassen läßt, daß "schon ein niedriger Grad an Literalität genügt, um die Denkprozesse ganz erheblich zu verändern" (W. J. Ong 1987, 55). Nichtliteralisierte Personen haben - wie Lurija zeigt - große Schwierigkeiten in der Verwendung abstrakter, kategorialer Ausdrücke, und sie sind nicht mit formalen deduktiven Denkprozessen vertraut" (W. J. Ong 1987, 57).
Hat also bereits die Erfindung der Schrift allgemein und insbesondere die der Alphabetschrift der menschlichen Kognitivität einen neuen Bedingungsrahmen gesetzt, so erfährt die Schriftkultur ihrerseits in der Mitte des 15. Jahrhunderts durch die Gutenbergsche Erfindung des Drucks mit beweglichen Lettern eine tiefgreifende und grundlegende qualitative Veränderung, eine Veränderung, die in kaum einer Hinsicht dem Umbruch nachsteht, den die Schrifterfindung selbst dargestellt hatte; auch mit der Erfindung des Druckes waren nämlich weitreichende soziale und intrapsychische Folgen für den nun bereits literalisierten Menschen verbunden. Zur Charakterisierung dieses Umbruches können wir wiederum Ong folgen, der den alphabetischen Buchdruck, "der jedem Buchstaben ein gesondertes Stück Metall zuwies", als "einen psychologischen Durchbruch ersten Ranges" bezeichnet. Was die Schrift nur prinzipiell ermöglichte, tritt - so Ong - erst mit dem Druck effektiv ein: die Vergegenständlichung des Wortes und mit ihm die der noetischen Aktivität (W. J. Ong 1987, 119); die Grundlage dieser Vergegenständlichung von Sprache und Erkenntnisformen sieht Ong in der Möglichkeit der "exakt wiederholbaren visuellen Äußerung", d.h. in der exakten und wiederholbaren "Visualisierung von Objekten, Szenen und Personen", die letztlich auch die Voraussetzung für die moderne Wissenschaft darstellt.
Aber noch in einer zweiten Hinsicht hat die von der Schrift verursachte Trennung des Wissens vom Wissenden - insbesondere nach der Erfindung des Buchdruckes - tiefgreifende intrapsychische Veränderungen bewirkt. Die Externalisierung des Wissens und die mit ihr verknüpfte kognitive Entlastungsfunktion müssen nämlich zugleich als Voraussetzung dafür angesehen werden, daß sich in höheren Entwicklungsstadien der Schriftkultur dem schreibenden Subjekt die Möglichkeit eröffnet, "Introspektivität zu artikulieren" (W. J. Ong 1987, 106). Objektives Wissen und persönliches Erleben treten auseinander und in dem Maße, in dem die Psyche von der Speicherung des Wissens entlastet wird, vermag sie sich ihrer selber als Ort individueller Erfahrungen und Erlebnisse gewahr

zu werden. Die Genese moderner Individualität kann also insofern als eine Spätfolge der Schrifterfindung betrachtet werden.

3.1.2.2 Die Entstehung des Zeit- und Geschichtsbewußtseins

Betrachten wir eine zweite Hinsicht, in der Schrifterfindung und Buchdruck zu einer Veränderung des Wirklichkeitsbezuges des menschlichen Denkens beitrugen.
Wie Clanchy in seiner Untersuchung des Verhältnisses und der Entwicklung von Oralität und Literalität in England zwischen 1066 und 1307 gezeigt hat, ist es ein Kennzeichen oraler Kulturen, daß in ihnen die "erinnerte Wahrheit (...) flexibel und der Gegenwart angepaßt (war)." (M. T. Clanchy 1979, 233). Im Gegensatz zu dieser homöostatischen Struktur des Zeitbewußtseins in mündlichen Kulturen ist es die Schrift, die als Kontrolle der anpassungsbereiten Erinnerung die Vergangenheit von der Gegenwart unterscheidbar macht und damit eine wesentliche Voraussetzung für jenes moderne Zeit- und Geschichtsbewußtsein schafft, das sich in der frühen Neuzeit im Anschluß an Gutenbergs drucktechnische Innovation entwickelte.
Wenn Gutenberg mit seiner Erfindung die Möglichkeit der identischen Reproduktion und Vervielfältigung von Texten schuf, so ermöglichte er damit jene Form des 'Akzidenzdruckes', die ihm zurecht den Titel "Vater der periodischen Presse" eintrug (vgl. S. H. Steinberg 1988, 23). Es sind die nun möglich werdenden periodischen Druckschriften, Zeitungen, Kalender etc., die einen nicht unwesentlichen Einfluß auf die Entstehung des modernen Zeitbewußtseins ausüben: während die westeuropäischen Menschen des Mittelalters und der Renaissance das laufende Kalenderjahr nicht kannten (vgl. W. J. Ong 1987, 99), beginnt erst die Zeitungs- und Zeitschriftenlektüre des beginnenden 17. Jahrhunderts zugleich mit nachhaltigen Umwälzungen in den Naturwissenschaften das Denken der literalisierten Schichten zu historisieren. "Die ersten periodischen Zeitschriften - stellt Engelsing fest - sind aus der gleichen Zeit bekannt, in der Kepler die Planetengesetze, Galilei die Fall- und Pendelgesetze entdeckte und der Theorie des heliozentrischen Weltsystems, die Kopernikus zwei Generationen früher aufgestellt hatte, dadurch Gewicht verschafft wurde. Dadurch wurden herkömmliche Zeit- und Raumvorstellungen entwertet." Und Engelsing fährt fort: "Mit dem Begriff der mechanischen Zeit vertiefte sich der Sinn für den Augenblick und die augenblicklich gegebene Zeit, damit auch ein wertendes Unterscheidungsvermögen für unterschiedliche Zeitspannen und deren Selbstwert."
(R. Engelsing 1978, 134)

3.2 Resümee

Ich möchte die bisherigen Überlegungen dieses Abschnittes kurz resümieren: Wenn Pribram davon spricht, daß sich durch die Erfindung von Schrift und Druckmedien der Wirklichkeitsbezug des menschlichen Denkens verändert habe, so läßt sich dieser Gedanke mit Blick auf die beiden

Grundfunktionen der menschlichen Sprache, der kommunikativen und der kognitiven Funktion auch so formulieren:
Während in den knapp 40.000 Jahren der oralen Kultur des Menschen das Schwergewicht der Sprachfähigkeit sicher in den intentionalen und nichtintentionalen kommunikativen Anteilen der Sprache gelegen hat, bewirkten die 5000 Jahre seit der Erfindung der Schrift durch die "Technologisierung des Wortes" eine geradezu dramatische Entfaltung der kognitiven Funktion der Sprache und der kognitiven Vermögen überhaupt. Die Technologisierung des Wortes ist dabei einhergegangen mit einer ständigen Interiorisierung neuer Technologien durch die kommunizierenden Menschen und sie war nicht nur eingebettet in tiefgreifende soziale und ökonomische Veränderungen, sondern auch begleitet von eben solchen Veränderungen der Psyche des Menschen, von einem strukturellen Umbau seines kognitiven Leistungsapparates. Objektivierung des Wissens und die Entfaltung des Vermögens zu begrifflich-abstraktem Denken, Ablösung oral-interaktiver Formen der Wissenstradition durch technische und sozial entgrenzende Formen der Wissensdistribution sind auf der einen Seite ebenso die Kennzeichen der Literalisierung der Oralität wie auf der anderen Seite die Genese des modernen individualisierten bürgerlichen Subjektes und seiner 'empfindenden Seele'. Sicherlich sind wir mit der mikroelektronischen Revolution (vgl. A. Schaff 1985) in Europa erneut in eine Phase fundamentaler Umgestaltung kommunikativer Verhältnisse eingetreten, in eine Umbruchphase, die ebenso bedeutend sein dürfte, wie die durch die Schrifterfindung und die Erfindung des Buchdrucks mit beweglichen Lettern charakterisierten Umgestaltungsschübe; und erneut stellt sich natürlich die Frage nach den sozialen und intrapsychischen Folgen für den Menschen, nach den Auswirkungen der jüngsten Technologisierungsepoche des Wortes auf die gattungsgeschichtlich oral bestimmte humane Sprachfähigkeit. Da diese Frage von vielen Kritikern der jüngsten, mikroelektronisch induzierten Entwicklung der Kommunikationsverhältnisse insbesondere in der Bundesrepublik mit der These von einer Krise der Schriftkultur beantwortet wird, scheint es mir sinnvoll, diese These etwas näher zu erörtern.
Dabei möchte ich allerdings schon hier auf eine notwendige Differenzierung hinweisen. Eine Betrachtung des Einflusses mikroelektronischer Medien auf die Sprachfähigkeit des Menschen muß nämlich beachten, daß neben den technologischen Innovierungen der Schreib- und Schriftträgersysteme, die die Geschichte der Schriftkultur von Anfang an durchzogen haben, wir nun insofern in eine gänzlich neue Epoche eintreten, als mit den mikroelektronischen Medien der Audio-Visualität die menschliche Oralität selbst technologisiert wird. Die Geschichte der Schriftkultur ist beschreibbar als eine Geschichte der Technologisierung des Wortes; allerdings war in ihrem Verlauf die Mündlichkeit immer nur indirekt insofern betroffen, als die Technologisierung der Schrift auch die Randbedingungen der Oralität veränderte. Seit der Erfindung des Telefons und des Grammophons, insbesondere aber seit der Entwicklung mikroelektronischer Medien der Audio-Visualität ist es die Mündlichkeit selber,

die Gegenstand einer Technologisierung wird. Diese Differenz wird zu beachten sein.

4. Gibt es eine Krise der Schriftkultur?

4.1 Das Greisenalter der Schrift

Wir haben uns daran gewöhnt, Schriftkultur und elektronische Medien als einen Gegensatz derart aufzufassen, daß letztere als grundlegende Bedrohung der Literalität moderner Industriegesellschaften angesehen werden müssen, ja daß sie deren Krise allererst ausgelöst haben.

In der Tat hat sich die Rede von einer Krise der Schriftkultur weithin etabliert - im öffentlichen Bewußtsein ebenso wie auf dem Buchmarkt, im Bildungssektor gleichermaßen wie in der Sprachwissenschaft. Und überall wird dieser Befund auf das gleiche Ursachengeflecht zurückgeführt, auf die tiefgreifenden strukturellen Veränderungen der Kommunikationskultur in der von Adam Schaff so genannten "Informatik-Gesellschaft" (A. Schaff 1985).

So stellten etwa im Rahmen der Frankfurter Buchmesse 1987 die Gesellschaft für Medienkunde und die Deutsche Lesegesellschaft auf einer Podiumsdiskussion die besorgte Frage nach dem "Ende des Lesens im Zeitalter der audio-visuellen Medien", während am gleichen Ort der baden-württembergische Wissenschaftsminister und Präsident der Kultusministerkonferenz, Helmut Engler in der Eröffnungsrede ein Plädoyer für die Zukunft des Buches hielt:

"Das Lesen ist eine unentbehrliche Kulturtechnik und es ist das Medium, das eine selbstverantwortliche und kritische Entscheidung des Rezipienten am stärksten fordert. Deshalb muß es unser gemeinsames Bemühen bleiben, dem Buch eine Zukunft zu sichern."

Ganz ähnlich wie der Vorsitzende der Kulturministerkonferenz argumentiert C. Kuhlmann in einer vom Bremer Senator für Bildung Wissenschaft und Kunst herausgegebenen Schrift mit dem Titel "Denkanstöße zum Umgang mit den neuen Informationstechnologien". Auch er sieht sich vor dem Hintergrund eines Strukturwandels unserer Gesellschaft hin zu einer Informatik-Gesellschaft genötigt, uns den hohen Stellenwert der Buch-Lektüre vor Augen zu führen, "zu einem Zeitpunkt, in dem die elektronischen Medien die Dominanz der Schriftkultur abzulösen im Begriff sind." (Kuhlmann 1987, 26f)

Es scheint auch das Bewußtsein vom Dominanz-Verlust der Schriftkultur zu sein, das in den Geisteswissenschaften das theoretische Interesse an der Literalität wieder geweckt und einen Zusammenhang zwischen Krise und Reflexion der Schriftkultur gestiftet hat.

Der Berliner Romanist Jürgen Trabant hat diesen Gedanken von der Geburt der Schrift-Theorie aus der Krise ihres kulturellen Stellenwertes in einem Aufsatz über "Gedächtnis und Schrift bei Wilhelm von Humboldt" so pointiert: "Wenn es wirklich so ist, daß die Eule der Minerva erst mit der einbrechenden Dämmerung ihren Flug beginnt, daß die Philosophie ihr Grau in Grau malt, wenn eine Gestalt des Lebens alt geworden ist, dann hat die Schrift ihr Greisenalter erreicht." (J. Trabant 1986, 293)

4.2 Die Kritik der Technologisierung des Wortes: "Die menschlichen Stimmen sind verhallet"

Hat die Schrift tatsächlich ihr Greisenalter erreicht? Haben wir also Grund Grau in Grau zu malen? Nun - ohne Zweifel gibt es hinsichtlich der Entwicklung der Schriftkultur durchaus Anlaß zu kritischer Aufmerksamkeit, einer Aufmerksamkeit, die allein schon durch das besorgniserregende Ausmaß etwa des funktionalen Analphabetismus in der Bundesrepublik und in den westlichen Industrienationen allgemein gerechtfertigt würde. Auch darüber hinaus gibt es eine Reihe von Indizien, die auf eine ernsthafte Krise der Schriftkultur hinzuweisen scheinen und die ich in aller Knappheit andeuten möchte.

Wenn wir etwa nach dem gegenwärtigen Stand des Buchbesitzes, der Zusammensetzung des Buchbestandes und des Images des Buches bei Jugendlichen und jungen Erwachsenen fragen, so ergibt sich nach der Bonfadelli-Studie von 1986 das folgende Bild:

Wir haben eine

- bildungsspezifische Segmentierung des Buchbesitzes zu verzeichnen: Jugendliche mit Universitätsausbildung besitzen durchschnittlich dreimal so viele Bücher - nämlich 225 - wie solche mit Hauptschulabschluß; der Schwerpunkt bei der

- Zusammensetzung des Buchbestandes ist ebenfalls bildungsspezifisch: bei Jugendlichen mit Hauptschulabschluß herrscht die Unterhaltungsliteratur vor, während bei jungen Erwachsenen mit Universitätsbildung Sach- und Fachbücher sowie anspruchsvolle Literatur dominieren (H. Bonfadelli u.a. 1986, 76); das gleiche gilt für das

- Image des Buches: "Während etwa 31% der Jugendlichen mit Volksschulbildung das Buch interessant, 30% sympathisch und 22% von ihnen wichtig finden, gilt das Medium 59% bzw. 63% und 48% der Universitätsabsolventen als interessant, sympathisch und wichtig." Besorgniserregend ist dabei insbesondere, daß doppelt so viele Jugendliche mit Volksschulbildung wie solche mit Universitätsbildung das Buch als Medium altmodisch finden (H. Bonfadelli u.a. 1986, 176) und insofern dazu tendieren, neue mikroelektronische Medien, insbesondere das Fernsehen zum modernen Leitmedium zu machen. In der Tat gilt das Fernsehen für fast die Hälfte der Jugendlichen mit Hauptschulabschluß als wichtigstes Medium und es erreicht signifikanterweise seine größte Reichweite bei den 12- bis 13jährigen. Generell ist das Fernsehen bei den befragten Jugendlichen das wichtigste und glaubwürdigste Medium geworden (H. Bonfadelli u.a. 1986, 160, 194).

Eine krisenhafte Entwicklung könnte durch diese bildungsspezifische Segmentierung des Medienprestiges und der Mediennutzung insofern induziert werden, als eine solche soziale Segmentierung der Medienorientierung nach der "increasing knowledge gap"-Hypothese dazu führt, daß sich zwischen der Bevölkerung mit geringerer Bildung, die das Fernsehen als Informationsmedium bevorzugt, und derjenigen mit höherer Bildung, die Zeitung, Zeitschrift und Buch bevorzugen, eine wachsende Wissenskluft auftut: Was wir hier offensichtlich konstatieren müssen, ist eine Verlagerung der Wissensvermittlung und Wissenstradition von schriftmedial orientierten Institutionen in die audio-visuellen Massenmedien der "sekundären Oralität" (W. Ong). Daß eine solche Verschiebung stattfindet, läßt sich auch durch die in amerikanischen Untersuchungen nachgewiesenen negativen Auswirkungen des Fernsehens auf die Lese- und Schreibfähigkeit aufweisen.

Betrachtet man diese Forschungsergebnisse im Lichte der Untersuchungen des amerikanischen Neuropsychologen K. H. Pribram zum Verhältnis von Lesen und Fernsehen, so können die Präferenzverschiebungen bei Jugendlichen zugunsten des Fernsehens nur bedenklich stimmen. Pribram hat nämlich festgestellt, daß beim Fernsehen die kognitiv komplexe Leistung des Wiedererinnerns, durch die das Lesen geprägt ist, ersetzt wird durch den relativ einfachen kognitiven Akt des Wiedererkennens (vgl. K. H. Pribram 1988). Für die durch audio-visuelle Massenmedien geleistete Wissensdistribution gilt insofern, daß sie eine Form der Wissens-Rezeption installiert, in der die Einbildungskraft des Rezipienten stillgestellt ist. Gegen einen solchen Rezeptionstypus wäre an sich nichts einzuwenden, würde er nicht bei Bevölkerungsgruppen mit geringerer Bildung zur dominanten Form der Wissensakquisition und der Generierung des kulturellen Weltbildes.

Trotz der referierten Forschungsergebnisse sind hinsichtlich der oben dargestellten Warnungen vor einer Krise der Schriftkultur Relativierungen angebracht. Denn ohne Zweifel sind die jetzt bei Jugendlichen feststellbaren Prestigeverluste des Buches und der Buchlektüre keinesfalls alleine die Wirkung mikroelektronischer Medien, sondern auch das Ergebnis eines Prozesses, in dessen Verlauf seit der Aufklärung die Autorität des Buches erschüttert wurde (R. Engelsing 1978, 136). Im Übergang von der intensiven Wiederholungslektüre der kanonischen Bildungsliteratur der Respublica Christiana zur extensiven Lektüre der Zeitungen und Zeitschriften (vgl. R. Engelsing 1978, 121ff), der auch einen Übergang von der Standeslektüre zu einer sozial indifferenten Lektüre (S. H. Steinberg 1988, 193, 299) und zugleich ebenfalls den von einer gelehrten zur Unterhaltungslektüre darstellte, zeichnet sich eine Tendenz vor, die sich gegenwärtig als Ablösung der extensiven Lektüre durch andere Formen extensiver Unterhaltung, nämlich durch audio-visuelle Unterhaltung fortsetzt. Während also seit der Aufklärung Bildung und Wissensakquisition mit der Unterhaltung auf dem literalen Feld der Lektüre miteinander konkurrierten, hat sich dieser 'Wettbewerb' jetzt zu einer Konkurrenz zwischen literaler Bildung und audio-visueller Unterhaltung verschoben, wo-

bei ironischerweise - trotz der extensiven Ausweitung des Programmangebotes - die trans-kulturelle Standardisierung der Unterhaltungsklischees in der Rezeption gleichsam zu einer audio-visuellen Variante der intensiven Wiederholungslektüre führt.
Eine weitere relativierende Bemerkung ist angebracht. Ich bin nämlich der Ansicht, daß die bei vielen kulturkritischen Warnern feststellbare Tendenz, Schriftkultur auf Buchkultur zu reduzieren, sicherlich eine unzulässige Vereinfachung des Problems darstellt. Wenn auch Buch und Buch-Lektüre als ein Fundament europäischer Literalität gelten dürfen, so muß eine Analyse der Entwicklungstendenzen der Schriftkultur diese doch als ein komplexes mediales Netz kommunikativer Techniken (vgl. 4.1) und Institutionen ins Auge fassen. So haben etwa die Extensivierung der Lektüre und die technologische Entwicklung zu einer differenzierten Auffächerung des Feldes der Printmedien geführt, auf dem das Buch zwar immer noch einer beherrschende, aber nicht die einzige Rolle spielt. Aus einem revolutionären Wandel von Schreibtechniken und Schriftträgern, wie er sich etwa in der Verwendung von Computern als mikroelektronisches Schreibwerkzeug abzeichnet, kann jedenfalls auch dann nicht ohne weiteres eine Krise der Schriftkultur abgelesen werden, wenn die Buchlektüre - die ohne Zweifel ein wichtiger Indikator ist - in die Krise gerät. Ein spezifisches Kennzeichen der modernen Entwicklung besteht ja gerade darin, daß sich im Computer als Schreibwerkzeug traditionelle Printmedien und mikroelektronische Medien überschneiden, so daß keinesfalls - wie dies oft geschieht - von einem Gegensatz dieser beiden Medienformen die Rede sein kann.
Mir scheint, daß im Hinblick auf die Frage möglicher Wirkungen der mikroelektronischen Revolution auf die menschliche Sprachfähigkeit der Begriff "mikroelektronische Medien" mindestens in dreierlei Hinsicht differenziert werden muß:

(1) einmal kann von mikroelektronischen Medien insofern die Rede sein, als die sog. Telekommunikationsdienste gemeint sind, die über zentral rechnergesteuerte, flächendeckende Glasfasernetze die Kommunikationssteckdose in jedem Haushalt erreichen sollen, so daß ganz neue Formen einer mikroelektronisch vermittelten Kommunikation denkbar sind - von der (sekundär) oralen Mensch-Mensch-Interaktion (Telekonferenz) bis zur schriftgestützten Mensch-Maschine-Interaktion (BTX, Datenbankabfragen etc.). Im Hinblick auf die Schrift muß bereits hier beachtet werden, daß durch diese Mikroelektronisierung keineswegs notwendigerweise ihr Stellenwert tangiert zu werden braucht - insofern nämlich nicht, als in der Geschichte der Schriftkultur jede technologische Innovation auch neue Formen der Schriftkommunikation ermöglicht hat. Dies mag durch die Entwicklung von Telefax verdeutlicht werden, das sogar der handschriftlichen Kommunikation zu neuer Bedeutung verhilft. In dieser ersten Hinsicht kann von einem Trend zur Mikroelektronisierung der Alltagskommunikation die Rede sein, die

vor allem deshalb neue Rahmenbedingungen für die Entfaltung der Sprachfähigkeit setzten wird, weil sie zu einer Verdrängung klassischer Typen direkt oraler Sprechhandlungssituationen durch sekundär orale Mensch-Mensch-Interaktionen und Mensch-Maschine-Interaktionen führen wird.

(2) Zum zweiten bezieht sich der Terminus "mikroelektronische Medien" auf die audio-visuellen Medien, - etwa Film und Fernsehen, die teilweise auch unter die Kategorie (1) fallen, insoweit nämlich, wie sie vernetzt sind (z.B. Kabelfernsehen). Die Bedrohung der Schrift und indirekt auch der mündlichen Sprachkompetenz geht insbesondere von diesem Typus mikroelektronischer Medien aus, die - vor allem wenn sie zum dominanten Typus der Wissensakquisition und Unterhaltung werden - dazu tendieren, dasjenige stillzustellen, was Hegel die "symbolisierende Einbildungskraft" genannt hat.

(3) In dritter Hinsicht schließlich bezieht sich der Terminus "mikroelektronische Medien" auf die neue Entwicklung von computergestützten Schreib- und Schriftträgersystemen, die zwar auch als Endgeräte in Netzen genutzt werden können, die aber als unvernetzte Schreibgeräte oder als Elemente in autonomen Netzen zu einer durchaus kreativen Innovierung des Prozesses der Texterstellung, der Textspeicherung, der Textbearbeitung, ja auch zur Produktion des klassischen Mediums der Schriftkultur, des Buches dienen können.

Wie diese notwendige Differenzierung zeigt, läßt sich die jüngste Epoche einer Technologisierung des Wortes mit der zwar plakativen aber falschen Entgegensetzung von traditionellen Printmedien und mikroelektronischen Medien analytisch nicht angemessen fassen.

Und eine weitere relativierende Bemerkung ist hinsichtlich der weit verbreiteten Konstatierung einer Krise der Schriftkultur notwendig. Seit dem Übergang einer ursprünglichen Mündlichkeit zur Schriftlichkeit, insbesondere aber seit der Einführung der vollständig alphabetischen Schrift im Griechenland des 8. vorchristlichen Jahrhunderts, hat sich die mediale Entwicklung der Schrift - die ja von Beginn an als Technologisierungsgeschichte betrachtet werden muß - immer kritischer Aufmerksamkeit erfreut.

Ein früher Kritiker ist hier bereits Platon, der im Phaidros Sokrates Einwände gegen die Schrift vortragen läßt; allerdings sind wir heute geneigt, die von Platon kritisierten Eigenschaften der Schrift zu ihren positiven Strukturmerkmalen zu zählen:

- ihre das Gedächtnis entlastende Funktion,
- ihre Situationsunabhängigkeit
- ihre Lernbarkeit und damit ihre wissensverbreitende Funktion und schließlich ihre
- Adressatenoffenheit.

Was unter der Perspektive einer verlorengegangenen Kultur der Mündlichkeit Platon als Niedergang der Sprachkultur erscheint, macht für uns heute weithin das Fundament der europäischen Geistesgeschichte aus, die sich erst im Medium der Schrift und insbesondere natürlich im Medium einer durch den Buchdruck mit beweglichen Lettern ermöglichten, gesellschaftlich ausgreifenden Schriftkultur entfaltet hat. Und in der Tat ist es dieser technologische Sprung in der Entwicklung des Kommunikationsmediums Schrift, der erneut Kritiker auf den Plan ruft.
Nachdem sich spätestens im 17. und 18. Jahrhundert auch die sozialen Auswirkungen der technischen Innovation des Buchdrucks in ihrem vollen Ausmaß zeigten, nachdem also das handgeschriebene Buch als sozial ausgrenzendes Medium der Wissensdistribution innerhalb der Bildungseliten an Bedeutung verlor und nachdem so die intensive Wiederholungslektüre der kanonischen Bücher der Respublica Christiana durch die um sich greifende extensive Unterhaltungslektüre von gedruckten Büchern und Zeitschriften verdrängt wurde (vgl. R. Engelsing 1978), war es insbesondere die neue Technologie des Buchdrucks, die in das Zentrum des kritischen Interesses rückte. Im siebten Fragment seines "Briefes zur Beförderung der Humanität" ließ Herder mit Blick auf "Schrift und Buchdruckerei" - so der Titel des Fragmentes - die Platonsche Schriftkritik wieder aufleben:
"Mit der Einführung der Schrift ging der größte Theil des alten Wortes zu Grabe." (J. G. Herder 1883, Bd. 18, 87)
Ihm schloß sich Humboldt in seiner Abhandlung "Über den Einfluß der verschiedenen Charaktere der Sprache auf Literatur und Geistesbildung" in pointierter Form an:
"Von dem Augenblick an, wo der freie, in Rede und Gesang ertönende Laut in den Kerker der Schrift gebannt wird, geht die Sprache erst angeblicher Reinigung, dann ihrer Verarmung und endlich ihrem Tode zu, wie reich und verbreitet sie auch seyn möge. Denn der Buchstabe wirkt erstarrend auf die noch einige Zeit frei und mannigfaltig neben ihm fortbestehende gesprochene Rede zurück und duldet bald nichts mehr um sich, als was ihm gleich ist."
(W. v. Humboldt 1968, Bd. 7, 642)
Daß Humboldt und Herder mit ihrer deutlichen Reserve gegenüber der Schrift die kommunikativen Verhältnisse meinten, die letztlich der Buchdruck hervorgebracht hatte, wird deutlich, wenn man Herders außerordentlich modern anmutende Kritik des durch die neuen Medien des 18. Jahrhunderts verursachten Informationsüberflusses in den Blick nimmt:
"Ist deßen die menschliche Natur fähig, kann sie es ertragen, verwirren sich in diesem gedruckten Babylon nicht alle Gedanken? Und wenn dir jetzt täglich nur zehn Tages- und Zeitschriften zufliegen und in jeder nur fünf Stimmen zutönen, wo hast du am Ende deinen Kopf, wo behälst du Zeit zu eignem Nachdenken und zu Geschäften? Offenbar hat es unsre gedruckte Literatur darauf angelegt, den armen menschlichen Geist völlig zu verwirren und ihm alle Nüchternheit, Kraft und Zeit zu einer stillen und edlen Selbstbildung zu rauben. Selbst in der Gesellschaft sind die

menschlichen Stimmen verhallet: Romane sprechen und Journale." (J. G. Herder 1883, Bd. 18, 91)

4.3 Die Leistungen der Schrift und ihre Bedrohung
Nun wäre es allerdings kurzschlüssig, aus dem Umstand, daß die Kritik der Schrift beinahe so alt ist wie ihre Erfindung, den Schluß zu ziehen, daß die gegenwärtige Konstatierung einer Krise der Schriftkultur nur eine Fortschreibung einer alten Kritik-Tradition sei. In der Tat könnte nämlich die Schrift - und mit ihr eine Sprachfähigkeit, die sich unter den Bedingungen einer vor-elektronischen Schriftkultur ausgebildet hat - unter den fundamentalen Veränderungsschüben der mikroelektronischen Revolution der Gegenwart in eine tiefgreifende Krise geraten sein. Wenn es auch nicht die mikroelektronischen Medien schlechthin sind, die ein solches Bedrohungspotential darstellen, so scheint die Schrift doch zumindest durch das Auftreten der audio-visuellen Medien heute an eine Entwicklungsgrenze geraten sein, die die Frage André Leroi-Gourhans berechtigt erscheinen läßt, ob sie "nicht trotz der wachsenden Bedeutung gedruckten Materials in der gegenwärtigen Zeit schon zum Tode verurteilt ist." (Leroi-Gourhan 1980, 265). Und auch hinsichtlich der spezifischen Mündlichkeit, die sich im Kontext der vorelektronischen Schriftkultur entfaltet hat, ließe sich eine entsprechende Frage stellen: die Frage nämlich, ob nicht das Vordringen mikroelektronischer Kommunikationsformen auf der Basis rechnergestützter Netze, die - gesellschaftlich weithin unbemerkt - mit großer Geschwindigkeit in den kommunikativen Alltag eindringen, eine orale Sprachfähigkeit zum Tode verurteilt, in der sich seit fünfunddreißigtausend Jahren die symbolisierende Einbildungskraft des Menschen zur Geltung bringt, eine Einbildungskraft, die bereits die vorliterale Oralität des Menschen charakterisierte, die sich aber erst unter den Bedingungen der vorelektronischen Technologisierung des Wortes voll zu entfalten vermochte (vgl. 2 und 3.1.2).
Es erscheint mir deshalb angebracht, sich die bedrohten Leistungen der Schrift noch einmal kurz zu vergegenwärtigen.
Die wesentliche Funktion der Schrift besteht - folgt man Goody - in der Objektivierung der Sprache, d.h. darin, der Sprache mit einem System sichtbarer Zeichen ein materielles Korrelat zu geben. In ihrer materiellen Form kann Sprache über räumliche Entfernungen übermittelt und durch die Zeit hindurch bewahrt werden. Es verändert sich durch diese neuen Instrumente der Kommunikation nicht nur die kognitive Leistungsfähigkeit des Menschen (vgl. 4.2), sondern es erweitern sich auch der Bereich des menschlichen Verkehrs und die Skala menschlicher Aktivität in politischer, ökonomischer, rechtlicher wie religiöser Hinsicht erheblich (Goody u.a. 1981, 26).
Versucht man diesen gattungsgeschichtlichen Befund über die Bedeutung der Schrift im Lichte der in Abschnitt 3 und 4.2 gegebenen Hinweise systematisch auszuwerten, so lassen sich ihr m. E. vier wesentliche Funktionen zuordnen:

(1) die organisatorische Funktion der Schrift, die sich auf religiöse, finanzielle und bürokratische Ordnungssysteme des gesellschaftlichen Zusammenlebens bezieht. Leroi-Gourhan hat in diesem Zusammenhang darauf hingewiesen, daß die ersten Inhalte der Schrift in den Hochkulturen Mesopotamiens, Ägyptens, Chinas und des präkolumbianischen Amerikas Rechnungen, Schuldverschreibungen gegen Götter und Menschen, dynastische Folgen, Kalender und Strafkodizes waren (Leroi-Gourhan 1980, 324f). Er hat damit gleichsam jenen Aphorismus Barthels illustriert, demzufolge die Schrifterfindung als eine "Verzweiflungstat überlasteter Funktionäre" interpretiert werden kann (Glück 1987, 142);

(2) die kognitive Entlastungsfunktion der Schrift; die Schrift kann in dieser Hinsicht als das veräußerlichte Gedächtnis des Menschen aufgefaßt werden, das durch die mediale Entwicklung eine sprunghaft wachsende Kapazitätserweiterung erfahren hat. Während die mündlichen Kulturen durch eine "homöostatische Organisation der kulturellen Tradition" (Goody u.a. 1981, 68), d.h durch eine ständige Anpassung neuer kultureller Elemente an das kulturelle Erbe im individuellen Gedächtnis gekennzeichnet waren, wobei bedeutungslos gewordene Inhalte dem Vergessen anheim fielen, ist die literale Kultur durch zwei konträr entgegengesetzte Tendenzen gekennzeichnet, durch einen Mangel an sozialem Vergessen (Goody u.a. 1981, 107) und insbesondere seit dem 18. Jahrhundert durch eine unvergleichliche "Ausdehnung des kollektiven Gedächtnisses":

"Das 18. Jahrhundert markiert in Europa das Ende der antiken Welt im Druckwesen und in den Techniken. Es bietet uns den größten Traditionsreichtum und zugleich die ersten Ansätze jener Transformation, aus der unser heutiger Zustand hervorgegangen ist. In den Büchern verschlingt das soziale Gedächtnis in wenigen Jahrzehnten die gesamte Antike, die Geschichte der großen Völker, Geographie und Ethnographie, eine Welt, die endgültig Kugelgestalt angenommen hat, Philosophie, Recht, Wissenschaften, Künste, Techniken und eine aus zwanzig verschiedenen Sprachen übersetzte Literatur." (Leroi-Gourhan 1980, 327);

(3) die historisch-kritische Funktion der Schrift; auch diese Funktion läßt sich am besten durch den kontrastierenden Bezug auf den Traditionszusammenhang mündlicher Kulturen verdeutlichen. Während die "Tendenz zur Homöostase" das Individuum in nichtliteralen Gesellschaften "die Vergangenheit fast ausschließlich unter dem Gesichtspunkt der Gegenwart" sehen läßt, erzwingt die Aufzeichnung der Tradition in literalen Kulturen die - wie Goody formuliert - "objektivere Erkenntnis der Unterschiede zwischen dem, was war und dem, was ist" (Goody u.a 1981, 72). In den schriftlichen Aufzeichnungen der vorher mündlich überlieferten Tradition, in denen nun das kulturelle Erbe eine dauerhafte Form erhalten hatte, stießen nun viele Individuen "auf so viele Widersprüche in den überlieferten

Überzeugungen und Verstehenskategorien, daß sie zu einer sehr viel bewußteren, einer vergleichenden und kritischen Einstellung zum anerkannten Weltbild (...) der Vergangenheit gezwungen waren" (Goody u.a. 1981, 93f). Die Schrift wird also in dieser Funktion, insofern sie die Traditionsauslegung von der homöostatischen Einebnung der Unterschiede von Vergangenheit und Gegenwart befreit, zum Ursprungsort des historischen Bewußtseins, das ebenfalls im späten 18. Jahrhundert seinen ersten Höhepunkt in Europa erreicht;

(4) die hermeneutische Funktion der Schrift; diese Funktion der Schrift ließe sich auch die individualisierende Funktion nennen. Da in literalen Gesellschaften die Aneignung der kulturellen Tradition weit weniger durch homogene und generalisierte Deutungsmuster bestimmt wird als in nichtliteralen, ist die durch die Schrift vermittelte Aneignung der Überlieferung in viel höherem Maße eine Leistung der individuellen Einbildungskraft des Lesers. Goody hat diesen Gedanken so formuliert: "Da die literale Gesellschaft ihren Mitgliedern nicht mehr eine einzige, fertig vorgegebene Einstellung zum Leben aufzwingt, ist ihre kulturelle Tradition weniger homogen als die einer nicht-literalen Gesellschaft und läßt dem Individuum (...) einen größeren Spiel- und Freiraum" (Goody u.a. 1981, 115). Natürlich hat sich die individualisierende Funktion der Schrift erst voll nach der Erfindung des Buchdrucks und insbesondere nach dem Übergang von der intensiven zur extensiven Lektüre entfaltet. Für die 'moderne' Lektüre erschließt sich Sinn aus der Schrift erst im Licht individuell-allgemeiner Deutungshorizonte und nur im Zuge einer hermeneutischen Anstrengung; das Verstehen ist nicht mehr selbstverständlich, sondern muß - wie Schleiermacher formuliert hatte - auf jedem Punkte gewollt und gesucht werden (F. D. E. Schleiermacher 1977, 92). Schrift ist, wenn ihre Deutung nicht autoritativ inszeniert wird, nicht nur - wie dies die vorromantische Hermeneutik annahm - durch "dunkle Stellen" getrübt, die bei korrekter Anwendung hermeneutischer Regeln gänzlich sinntransparent werden, sondern - so Humboldt - "das todt Ueberlieferte", das sich nur der "Gewalt, welche alles lebendig Geistige ausübt", erschließt (W. v. Humboldt 1968, Bd. 5, 390): "Denn nur das wirklich gedachte oder gesprochene ist das eigentliche Wort, das sich gleichsam todt in der Sprache forterbende nur die immer wieder und immer etwas anders belebte Hülle." (W. v. Humboldt 1968, Bd. 5, 422) In dieser Bemerkung Humboldts reflektiert sich eine, für das 18. und beginnende 19. Jahrhundert charakteristische, kommunikative Erfahrung, die auch den spezifischen Zusammenhang zwischen der vorelektronischen Schriftkultur der Moderne und jener Oralität bestimmt, die sich in ihrem Kontext ausgebildet hat: die Erfahrung, "daß sich das Mißverstehen von selbst ergibt" (F. D. E. Schleiermacher 1977, 92), daß sowohl in der Schrift als auch in der mündlichen Rede der Grundsatz der prinzipiellen Fremdheit des zu Verstehenden gilt: Für

die von Koselleck so genannte Sattelzeit tritt sowohl die literale, als auch die orale sprachliche Welt derart in eine heterogene Pluralität von emotionalen, kognitiven, politischen und sozialen Sprachspielen auseinander, daß die Erfahrung der Sinnintransparenz zur hermeneutischen Grunderfahrung der Epoche wird - eine Erfahrung im übrigen, die - wie Fichte in seiner Denkschrift zur Gründung der Berliner Universität ausführt - die Philologien der "Vulgarsprachen" (J. Grimm) als Wissenschaften der Therapie gestörter Verständigung auf den Plan ruft. Es ist die Erfahrung des Verlustes der kanonischen, autoritätsverbürgerten Deutungssicherheit "intensiver Lektüre", die Erfahrung der extensiven Vielfalt konkurrierenden Text- und Rede-Sinns, die sprachliche Verständigung in allen ihren medialen Formen zu einem Prozeß der hermeneutischen Individualisierung werden läßt, zum Prozeß nämlich der wechselseitigen 'Verwandlung von Fremdem in Eigenes' (vgl. F. D. E. Schleiermacher 1977, 314ff). Kommunizieren heißt - Humboldt und Schleiermacher haben dies auf den theoretischen Begriff gebracht -'Fremdes in Eigenes verwandeln', heißt 'gedankliches Beleben des sich tot in der Sprache forterbenden Wortes'. Insofern ist sprachliche Verständigung in grundlegender Weise auf "Ahndung", auf "Divination", auf das individualisierende Vermögen der "symbolisierenden Einbildungskraft" angewiesen.

Wie mir scheint ist es insbesondere diese vierte - erst in der Neuzeit voll ausgebildete Funktion der Schrift, die zugleich zu einem konstitutiven Merkmal der Sprachfähigkeit überhaupt wurde. Der sozial unkontrollierten Einsamkeit der Lektüre, und den aus dieser hervorgehenden individuellen Weltdeutungen korrespondiert eine Mündlichkeit des "geselligen Wechselgespräch" (W. v. Humboldt), in dem alternative Weltentwürfe diskursiv verhandelt werden. Die Einsamkeit der Lektüre ist eingewoben in die streitbare Oralität des Aushandelns ihrer Ergebnisse. Schrift und Rede unterliegen der gleichen hermeneutischen Bedingung, sie sind beides Medien, in denen sich ein nicht mehr vorgängig in seiner Geltung verbürgter Sinn individuell konstituiert.

5. Sprachfähigkeit im Informationszeitalter: Das Greisenalter der Individualität?

An der individualisierenden Funktion der Schrift zeigt sich also in exemplarischer Weise, inwiefern die ursprünglich speziesspezifische und spezieskonstitutive Oralität des Menschen durch die literale Technologisierung des Wortes zu einer, den Bedingungen der Schriftkultur gehorchenden, abgeleiteten Qualität der Sprachfähigkeit wird. Während nämlich die vorliterale Oralität durch homöostatisches Zeitbewußtsein und durch eine hochgradige soziale Homogeneität der sprachlich interagierenden Subjekte geprägt war, ist die Individualisierung auch der mündlichen Kommunikation letztlich das Ergebnis der Technologisierungsgeschichte des Wortes. Natürlich gibt es hier keine monokausalen Zusammenhänge zwi-

schen Literalität und Oralität, sondern komplexe Ursachen- und Wirkungsgeflechte. Gleichwohl kann man doch sagen, daß sich die Individualisierung der Kommunikation in entscheidender Hinsicht der technischen Erfindung des Buchdrucks verdankt. Er war es, der den Abbau der Wissensmonopole der vormodernen Bildungseliten und den Zusammenbruch des hermetischen Weltbildes der Respublica Christiana durch eine strukturell revolutionierte Form der Distribution und Rezeption des Wissens ermöglichte: durch die Möglichkeit einer zugleich massenhaften und (sozial nicht kontrollierbaren) einsamen Lektüre.
Die neue Distributionsform des Wissens revolutionierte nämlich nicht nur den Modus und die Frequenz möglicher Wissens-Partizipation, sondern sie unterminiert dieses selbst in seiner vormodernen kanonisch-dogmatischen Gestalt. Wissen ist nun als das Ergebnis zugleich massenhafter und einsamer Lektüre individuiertes Wissen, das in den Status der Allgemeinheit nur auf dem Wege diskursiven Aushandelns gelangen kann. Die Dialektik als Theorie des streitigen Wissens ist deshalb für Schleiermacher auf die kommunikativen Wissenschaften Rhetorik und Hermeneutik angewiesen:
"Das Reden ist die Vermittlung für die Gemeinschaftlichkeit des Denkens, und hieraus erklärt sich die Zusammengehörigkeit von Rhetorik und Hermeneutik und ihr gemeinsames Verhältnis zur Dialektik. (...) Die Zusammengehörigkeit der Hermeneutik und Rhetorik besteht darin, daß jeder Akt des Verstehens die Umkehrung eines Aktes des Redens ist, indem in das Bewußtsein kommen muß, welches Denken der Rede zum Grunde gelegen. Die Abhängigkeit beider von der Dialektik besteht darin, daß alles Werden des Wissens von beiden (Reden und Verstehen) abhängig ist" (F. D. E. Schleiermacher 1977, 76f).
Aber gerade an dieser strukturellen, durch den Buchdruck induzierten Revolution der Wissensdistribution und -rezeption, die - als gleichsam vorletzte Etappe der Technologisierungsgeschichte des Wortes - ein nicht hoch genug einschätzbares kulturgeschichtliches Produkt hervorgebracht hat, nämlich die Individualität von Rede und Verstehen, zeigt sich auch die Ambivalenz technologischer Innovation. Denn es ist paradoxerweise diese Kommunikationsform massenhafter Individualkommunikation, die sich unter den Bedingungen der Vernetzung und der sekundären Oralität audio-visueller Medien zu einer zentralen Bedrohung gerade einer durch die symbolisierende Einbildungskraft bestimmten Individualität der Sprache entwickeln könnte und damit auch zur Bedrohung ihrer Historizität und Rationalität.
Die Befürchtung Leroi-Gourhans, daß die Schrift beim gegenwärtigen Entwicklungsstand der elektronischen Medien ihr Greisenalter erreicht haben und zum Tode verurteilt sein könnte, hat sicher nicht hinsichtlich der elektronischen Medien generell ihre Berechtigung; die elektronische Innovation der Schreib- und Schriftträgersysteme scheint mir kein Krisenverursacher zu sein. Die skeptische Prognose Leroi-Gourhans hat ihre Berechtigung allerdings durchaus im Hinblick auf die Vernetzung und Audio-Visualisierung der Kommunikation (vgl. 4.2), und hier nicht nur für

die Schrift, sondern für die Individualität sowohl der oralen als auch der literalen Verständigung. In der Tat läßt sich im Anschluß an Ong (vgl. Glück 187, 191) im Hinblick auf diese Medien von einer "zweiten Mündlichkeit" und von einer mit dieser verknüpften "tiefen kulturellen Revolution" sprechen, die vor allem auf zwei Faktoren beruht:

(1) einmal auf dem immer globaleren, durch extraterrestrische Satelliten und terrestrische Netze gesicherten Verbreitungsgrad standardisiert klischeehafter Medieninhalte, die ihre weltbild-homogenisierende Tendenz nur vordergründig unter einer wachsenden Programmvielfalt verbergen und die gerade deshalb so wirksam sind, weil sie zugleich massenhaft und je einsam rezipiert werden.

(2) zum zweiten auf der von Postman, dem nicht immer begriffsscharfen Kritiker der elektronischen Medien, so genannten Re-Ikonisierung der Sprache, einer Re-Ikonisierung, die zu einer prinzipiellen Gefährdung jener Funktionsmerkmale führen könnte, die der Sprache im Laufe der Gattungsgeschichte des Menschen - und nicht zuletzt durch die Erfindung der Schrift - zugewachsen sind, nämlich Rationalität, Historizität und Individualität. Argumente, Hypothesen, Begründungen, Erklärungen und andere Instrumente des abstrakten und expositorischen Denkens und der rhetorischen Schrift- und Redeentfaltung haben - wie Postman zurecht feststellt - im ikonischen Diskurs keinen Raum:

"Fernsehen" - so Postman - "ist nicht bloß Unterhaltungsmedium. Es ist eine Philosophie des öffentlichen Diskurses und genauso fähig, eine ganze Kultur zu verändern, wie es seinerzeit die Druckerpresse war (...). Wer ergreift schon gegen ein Meer von Amüsement die Waffen? Bei wem beschweren wir uns und wann in welchem Ton, wenn jeglicher ernsthafte Diskurs sich in ein Kichern auflöst. Was für ein Gegengift gibt es denn gegen eine Kultur, die dabei ist, sich buchstäblich totzulachen?" (Postman nach Glück 1987, 192)

Re-Ikonisierung der Sprache ist in der Tat - neben dem Aspekt ihrer globalen Distribution - das konstitutive Merkmal der sekundären Oralität. Re-Ikonisierung meint dabei einmal die Tendenz audio-visueller Sprache, zu einer homöostatischen Einebnung der Differenzierbarkeit von Vergangenheit und Gegenwart, also zur Traditionslogik mündlicher Kulturen zurückzukehren, in denen die Vergangenheit ausschließlich aus der Perspektive der Gegenwart gesehen wurde; und zum zweiten meint Re-Ikonisierung eine Re-Homogenisierung unserer Kultur, die der präliteraler Gesellschaften gleicht:

"Alle diese neuen Medien" - so vermutet Goody - "gewinnen ein Großteil ihrer Wirksamkeit als Instanzen sozialer Orientierung aus der Tatsache, daß sie nicht die abstrakte, individualisierende Qualität des Lesens und Schreibens haben, sondern etwas von der Natur und Wirkung der direkten persönlichen Interaktion, die in nicht-literalen Kulturen vorherrscht. Es könnte sogar sein, daß diese neuen Kommunikationsmodi, die Bild und

Ton ohne jede räumliche und zeitliche Beschränkung übermitteln, zu einer neuen Kultur führen, einer Kultur, die weniger nach innen gewandt und weniger individualistisch sein dürfte, als die literale Kultur und die etwas von der relativen Homogeneität der nicht-literalen Gesellschaft haben dürfte." (Goody u.a 1981, 115)
Leroi-Gourhan hat diese Re-Homogenisierungstendenz der audio-visuellen Sprache darauf zurück geführt, daß Tonfilm und Fernsehen zugleich die visuelle Wahrnehmung der Bewegung und die akustische Wahrnehmung mobilisieren. Sie erfordern insofern die passive Beteiligung des gesamten Wahrnehmungsbereiches, bringen - weil sie den Individuen ein vollständig figuriertes Material vorlegen - persönliche Vorstellungsvarianten zum Verschwinden, kurz, sie machen die Anstrengung der Imagination überflüssig und löschen damit im Prozeß der Wissens-aneignung jene Funktionen, die die Schrift als historisch-kritisches Medium und die sowohl die Schrift als auch die Rede als individualisierende Medien innehatten. Wie wir oben bei Pribram gesehen haben (vgl. 4.2), lassen sich für diese These Leroi-Gourhans inszwischen durchaus neurophysiologische Argumente beibringen.
Daß auf dieser Stufe der menschlichen Evolution - wie Leroi-Gourhan befürchtet - der Kern des Menschen, nämlich das reflektierende Denken und die symbolisierende Einbildungskraft gefährdet sein könnten, ist nicht ohne weiteres von der Hand zu weisen.
"Die Imagination ist eine fundamentale Fähigkeit der Intelligenz, und eine Gesellschaft, in der die Fähigkeit zur Schöpfung von Symbolen nachließe, verlöre zugleich ihre Handlungsfähigkeit." (Leroi-Gourhan 1980, 267)
Obgleich also im Hinblick auf die Vernetzung und Audiovisualisierung unserer Alltagskommunikation durchaus von einer Krise der Schriftkultur und der von dieser bestimmten Kultur der Mündlichkeit gesprochen werden kann, obgleich also von diesen beiden Elementen der Mikroelektronisierung unserer literalen und oralen Welt eine grundlegende Bedrohung einer Sprachfähigkeit ausgehen könnte, die auf der intakten Wirkungsmächtigkeit der symbolisierenden Einbildungskraft beruht, scheint mir eine entsprechende Gefahr von den mikroelektronischen Innovationen der Schreib- und Schriftträgersysteme nicht auszugehen. Helmut Glück hat in einer jüngst erschienenen Studie zu den modernen Tendenzen der Literalitätsprozesse meines Erachtens zurecht hinsichtlich der Mikro-Computer die Annahme eines Endes der literalen Kultur für unbegründet gehalten: "Obwohl Einschätzungen der Art, wie Postman sie vorgelegt, sicher ernst genommen werden müssen, scheint die Kehrseite der Computerisierung doch darin zu bestehen, daß die Anforderungen an die Lese-Kommunikation steigen und komplexer werden." (Glück 1987, 193)
In der Tat scheinen mir die Möglichkeiten, die in einer wirklichen breiten Interiorisierung dieser neuen Schreibtechnologie für eine kreative Fortentwicklung der Schriftkultur - mit allen positiven Konsequenzen für eine Kultur der Mündlichkeit - liegen, noch lange nicht ausgeschöpft; ja sie werden durch die undifferenzierte Rede davon, daß "die mikroelektronischen Medien die Dominanz der Schriftkultur abzulösen

im Begriffe" seien (vgl. 4.1) und von der falschen Entgegensetzung von Printmedien und mikroelektronischen Medien geradezu verstellt. Wenig spricht dafür, daß der Computer als dezentrales Schriftmedium etwas anderes darstellt, als den jüngsten technologischen Entwicklungsstand eines für die Informationsgesellschaft charakteristischen Schreibwerkzeuges. Allerdings betrifft dieser Freispruch des Computers diesen nur insofern, als er als dezentrales Schreib- und Speichermedium genutzt wird. Im Gegensatz zu dieser literalen Computernutzung scheint mir von der Mikroelektronisierung der Alltagskommunikation durch die immer stärker in die Wohnzimmer eindringenden Telekommunikationsdienste gleichwohl eine eminente Gefährdung der Sprachfähigkeit auszugehen. Während nämlich in der vorelektronischen Sprachkultur die Einsamkeit der Lektüre in das Netz einer Vielzahl institutioneller gesellschaftlicher Orte möglicher direkter personaler Interaktion eingebettet war, scheint der Abbau solcher institutioneller Orte geselliger Sprachlichkeit und die Intensivierung der rezeptiven Einsamkeit in der Entwicklungslogik der mikroelektronischen Revolution der Informationsgesellschaft zu liegen.

6. Ausblick

Als Ergebnis meiner bisherigen, skizzenhaften Bemerkungen läßt sich folgendes festhalten:
Die anthropologische (orale) Sprachfähigkeit des Menschen, die sich im Zuge der Evolution als wesentliches Moment der "epigenetischen Überformung" seiner "genetischen Propensität" (vgl. E. Oeser 1987, 33) herausgebildet hat, und die für seine zweite, die kulturelle Evolution eine unabdingbare Voraussetzung darstellte, ist - ebenso wie die menschliche Kognition insgesamt - durch die Erfindung der Schrift und die hierdurch ausgelöste "Technologisierung des Wortes" grundlegenden Wandlungen unterzogen worden. Wesentliche Schübe dieser Wandlungen sind durch entsprechend tiefgreifende Umbrüche in der Technologisierungs-Geschichte der Schrift und der audio-akustischen und visuellen Kommunikationsmittel induziert worden: durch (1) die Erfindung der piktographischen Schriftsysteme; (2) die Erfindung der Alphabetschrift; (3) die Erfindung des Buchdruckes, (4) die Erfindung mikroelektronischer Schreibsysteme und Schriftträger und schließlich (5) die Erfindung mikroelektronischer Systeme audio-visueller Kommunikation.
Die spezifischen Kontextbedingungen der Sprachfähigkeit in der Informationsgesellschaft sind also einmal durch die generelle Entwicklungslogik einer zunehmenden Technologisierung der Schrift, die in der Informationsgesellschaft nur ihr jüngstes Stadium erreicht hat, hervorgebracht worden. Dieser Entwicklungslogik verdankt sich die ungeheure Entfaltung der in der ursprünglichen, vorliteralen Oralität des Menschen nur in Ansätzen vorhandenen kognitiven Funktion der Sprache bis hin zu der Entwicklung der (literalen und oralen) Sprache zu einem Medium individueller Sinnkonstitution. Zum zweiten aber wird die Sprachfähigkeit in der Informationsgesellschaft nicht nur durch die mikroelektronische Innovation der Schreib- und der Schriftträgersysteme, sondern durch zwei weitere

grundlegende Rahmenbedingungen bestimmt: durch die Mikroelektronisierung und die Audio-Visualisierung der Alltagskommunikation. Diese beiden Bestimmungsmomente der Informationsgesellschaft sind es, die die Rede von einer Krise der Schriftkultur, oder genauer von einer Krise der Sprache als Medium individueller Sinnkonstitution legitim erscheinen lassen. Wenn das Forschungsfeld "Kommunikationsfähigkeit in der Informationsgesellschaft" näher erschlossen werden soll, so scheint es mir notwendig zu sein, zwei Phasen der Technologisierung des Wortes auseinanderzuhalten:

(1) Die Phase der Technologisierung der Schrift. Die gesamte Technologisierungsgeschichte des Wortes ist bis in das 19. Jahrhundert eine Technologisierungsgeschichte der Schrift gewesen, die die Oralität des Menschen nur indirekt beeinflußte. Dies gilt auch für ihren letzten, mikroelektronischen Entwicklungsstand.

(2) die Phase der Technologisierung der Oralität. Hier tritt - etwa mit der Erfindung fernmündlicher Kommunikationsmedien - die Technologisierungsgeschichte des Wortes in eine neue Phase ein: in die Phase der direkten Technologisierung der Oralität, die mit der Erfindung audio-visueller Kommunikationsmedien und mit der Ermöglichung weltweiter extraterrestrischer und terrestrischer Vernetzung noch einmal einen qualitativen und in seinen Folgen schwer abschätzbaren Sprung gemacht hat.

Beide Phasen haben einen unterschiedlichen Einfluß auf die ursprüngliche Oralität des Menschen gehabt. Während die erste Phase zu einer ungeheuren Entfaltung der kognitiven und individualisierenden Funktion der Sprache führte, die auch durch mikroelektronische Schreibwerkzeuge keineswegs notwendigerweise gefährdet wird, könnte die zweite zu einer ernsthaften Bedrohung der Sprachfähigkeit des Menschen beitragen.

7. Literatur:

R. Blanckertz, Die Schreibtechnik, in: M. Geitel (Hrsg.), Der Siegeslauf der Technik, Bd. I, Stuttgart, Berlin, Leipzig 1909, 561 - 574

H. Bonfadelli, M. Darkow, J. Eckhardt, B. Franzmann, R. Kabel, W. Meier, H.-D. Weger, J. Wiedemann, Jugend und Medien, Frankfurt 1986

J. Borgmann, Zu einer Kulturgeschichte der Schriftträger. Historische Beispiele schreibtechnischer Innovationen, Staatsarbeit, Aachen 1988

Ch. Bürger, P. Bürger, J. Schulte-Sasse (Hrsg.), Aufklärung und literarische Öffentlichkeit, Frankfurt 1980

M. T. Clanchy, From Memory to Written Record: England, 1066 - 1307, Cambridge (Mass.) 1979

R. Engelsing, Analphabetentum und Lektüre. Zur Sozialgeschichte des Lesens in Deutschland zwischen feudaler und industrieller Gesellschaft, Stuttgart 1973

R. Engelsing, Der Bürger als Leser. Lesergeschichte in Deutschland 1500 - 1800, Stuttgart, 1974

R. Engelsing, Zur Sozialgeschichte deutscher Mittel- und Unterschichten, Göttingen 1978

W. D. Fröhlich, R. Zitzelsperger, B. Franzmann (Hrsg.), Die verstellte Welt. Beiträge zur Medienökologie, Frankfurt 1988

J. Goldfriedrich, Geschichte des Deutschen Buchhandels, 4 Bde., Bd. 2, Leipzig 1908, Bd. 3, Leipzig 1909, Bd. 4, Leipzig 1913, Registerband, Leipzig 1923; Bd. 1, Leipzig 1886 erschien unter der Autorschaft von F. Kapp

H. Glück, Schrift und Schriftlichkeit. Eine sprach- und kulturwissenschaftliche Studie, Stuttgart 1987

J. Goody, I. Watt, K. Gough, Entstehung und Folgen der Schriftkultur, mit einer Einleitung von H. Schlaffer, Frankfurt 1986

R. Grimminger (Hrsg.), Hansers Sozialgeschichte der deutschen Literatur vom 16. Jahrhundert bis zur Gegenwart, Bd. 3, Deutsche Aufklärung bis zur Französischen Revolution 1680 - 1789, München, Wien 1984

J. G. Herder, Sämmtliche Werke, Hrsg. v. B. Suphan, 18 Bde., Berlin 1883

M. Hildebrand-Nilshon, Die Entwicklung der Sprache. Phylogenese und Ontogenese, Frankfurt, New York 1980

J.-P. Huber, Griffel - Feder - Bildschirmschrift. Eine Kulturgeschichte der Schreibgeräte, Aarau, Stuttgart 1985

W. von Humboldt, Werke, Hrsg. A. Leitzmann, 36 Bde., Berlin 1968

L. Jäger, Krise der Schriftkultur? Auswirkungen der neuen Medien auf die Sprache und Schrift, in: M. S. Fischer (Hrsg.), Mensch und Technik: Literarische Phantasie und Textmaschine, Aachen 1989

L. Jäger, Die Evolution der Sprache. Die biologischen Grundlagen des sozialen Wandels der Sprache und ihre Erörterung in der modernen Linguistik, in: M. Kerner (Hrsg.), Evolution und Prognose, Sonderheft der Alma Mater Aquensis, Aachen 1990

M. Kuckenburg, Die Entstehung von Sprache und Schrift. Ein kulturgeschichtlicher Überblick, Köln 1989

C. Kuhlmann, Denkanstöße zum Umgang mit den neuen Informationstechnologien, Bremen 1987 (hg. vom Bremer Senator für Bildung, Wissenschaft und Kunst)

I. A. Leroi-Gourhan, Hand und Wort. Die Evolution von Technik, Sprache und Kunst, Frankfurt a.m. 1980

K. Lorenz, Die Rückseite des Spiegels, München 1987

H. R. Maturana, F. J. Varela, Der Baum der Erkenntnis. Die biologischen Wurzeln des menschlichen Erkennens, Bern, München, Wien 1987

J. H. Mead, Geist, Identität und Gesellschaft, Frankfurt 1973

J. Monod, Zufall und Notwendigkeit. Philosophische Fragen der modernen Biologie, München 1975

E. Noelle-Neumann, Das Fernsehen und die Zukunft der Lesekultur, in: Fröhlich u.a. 1988, 222 - 254

W. auf der Nöllenburg, Kulturgeschichte der Schriftträger. Von den Felszeichnungen zum Zeitungspapier, dem weißen Wunderteppich, Bd. I., Berlin-Neukölln 1960

E. Oeser, F. Seitelberger, Gehirn, Bewußtsein und Erkenntnis, Darmstadt 1988

E. Oeser 1987 Psychozoikum. Evolution und Mechanismus der menschlichen Erkenntnisfähigkeit, Hamburg

W. J. Ong, Oralität und Literalität. Die Technologisierung des Wortes, Opladen 1987

G. Osche, Die Sonderstellung des Menschen in biologischer Sicht: Biologische und kulturelle Evolution, in: E. Siewing (Hrsg.), Evolution. Bedingungen - Resultate - Konsequenzen, Stuttgart, New York 1987

K. R. Popper, J. C. Eccles, Das Ich und sein Gehirn, Heidelberg, Berlin, London, New York 1987

N. Postman, Wie man sich zu Tode vergnügt. Eröffnungsrede zur Frankfurter Buchmesse 1984, in: Frankfurter Rundschau Nr. 52., 2. 3. 1985, 10

N. Postman, Sieben Thesen zur Medientechnologie, in: Fröhlich u.a. 1988, 9 - 22

K. H. Pribram, Wirklichkeit zwischen Wiedererkennen und Wiedererinnern. Sehen, Hören, Lesen und die Vorgänge im Gehirn, in: Fröhlich u.a. 1988, 34 - 59

A. Roßnagel, P. Wedde, V. Hammer, U. Pordesch, Die Verletzlichkeit der Informationsgesellschaft, Opladen 1989

W. Sauder, 'Galante Ethica' und aufgeklärte Öffentlichkeit in der Gelehrtenrepublik, in: R. Grimminger (Hrsg.) 1984, 219 - 239

U. Saxer, Wissensklassen durch Massenmedien? Entwicklung, Ergebnisse und Tragweite der Wissenskluftforschung, in: Fröhlich u.a. 1988, 141 - 189

A. Schaff, Wohin führt der Weg? Die gesellschaftlichen Folgen der zweiten industriellen Revolution, Wien, München, Zürich 1985

F. D. E. Schleiermacher, Hermeneutik und Kritik, Frankfurt a.M. 1977

S. H. Steinberg, Die schwarze Kunst. 500 Jahre Buchwesen, München 1988

J. Trabant, Gedächtnis und Schrift. Zu Humboldts Grammatologie, in: Codicas 9, 1986, 293 - 310

W. von Ungern-Sternberg, Schriftsteller und literarischer Markt, in: R. Grimminger (Hrsg.) 1984, 133 - 185

R. Wild, Stadtstruktur, Bildungswesen und Aufklärungsgesellschaften, in: R. Grimminger (Hrsg.) 1984, 103 - 132

F. M. Wuketits, Evolution, Erkenntnis, Ethik. Folgerungen aus der modernen Biologie, Darmstadt 1980

Prof. Dr. Ludwig Jäger
Germanistisches Institut der RWTH Aachen
Lehrstuhl für Deutsche Philologie
Eilfschornsteinstraße 15
5100 Aachen

Rudolf Müller
Schriftspracherwerb und Schriftsprachstörungen

In den folgenden Ausführungen beschränke ich mich auf einige wichtige Thesen zum Zusammenhang zwischen der Struktur der Schriftsprache und den kognitiven Prozessen beim Lesen und Schreibenlernen.
Die Struktur der Schriftsprache ist so komplex und die Lernvoraussetzungen bei jedem Kind so unterschiedlich, daß Schriftspracherwerb und -störungen nicht mit einem einfachen Denkmodell erklärbar sind. Jeder Lehrer erlebt täglich, wie unterschiedlich die kindlichen Lernstrategien und Art und Ursache ihrer Fehlleistungen sind. Ich möchte daher betonen, daß die von mir vertretenen Thesen mögliche oder wahrscheinliche Hypothesen sind, Schriftspracherwerb und -störungen bei vielen Kindern, aber nicht bei allen zu erklären. Sie basieren auf meiner Arbeit als Schulpsychologe und in Fördergruppen, überprüft und gestützt durch Voruntersuchungen zu Lese- und Rechtschreibtests (s. Literaturangaben), sind also praxisorientiert.

Thesen zum Schriftspracherwerb

Der Vorteil unserer Buchstabenschrift besteht in der Reduktion der gesprochenen Sprache auf eine kleine Zahl von Graphemen, die nur wenig unser Gedächtnis belasten. Anderseits beansprucht die künstliche Vereinfachung der rhythmisch und phonetisch sehr variablen gesprochenen Sprache beim Lesen- und Schreibenlernen andere kognitive Prozesse, besonders die akustische und visuelle Differenzierung und Integration, Gliederung und Kombination, ferner analogisierendes und deduktives Denken. Übung und Wiederholung führen zur Beschleunigung und Automatisierung dieser Prozesse und schließlich zur festen Speicherung einer zunehmend großen Zahl von Wortbildern und damit zum schnellen und fehlerfreien Lesen und Schreiben.
Allerdings zieht sich die Automatisierung über Jahre hin und führt gewiß nicht bei allen Menschen zum Erfolg. Nur Kinder und Jugendliche, die gern lernen, und Erwachsene, die von Berufswegen lesen müssen, speichern allmählich einen so umfangreichen Wortschatz, daß Lesen und Schreiben aus einem "Abruf" festgespeicherter Wortbilder besteht. Viele vorwiegend manuell arbeitende Erwachsene haben dagegen noch Schwierigkeiten mit weniger häufigen Wörtern und beschränken sich zur Befriedigung ihres Unterhaltungs- und Informationsbedürfnisses auf Fernsehen, die Abbildungen und großgedruckten Schlagzeilen der Boulevardpresse und auf Comics.
Zu Beginn des Lernprozesses treten besonders ausgeprägte Schwierigkeiten auf, die das Lese- und Schreibtempo verlangsamen und die Konzentration belasten:

A. Schwierigkeiten bei der S t r u k t u r i e r u n g der ganzheitlichen, individuell und dialektgefärbten Sprechmelodie.

Beim Lesen müssen die einzelnen, von links nach rechts aufgereihten unanschaulichen und bedeutungslosen Grapheme in die Klangeinheit des Wortes und des Satzes umgewandelt werden. Das geschieht durch Synthese der Buchstaben und Kombination größerer Teileinheiten des Wortes (gebundene Morpheme, Signalgruppen, Konsonantengruppen, Silben). Die Schwierigkeiten bei der Synthese äußern sich im langsamen "Silbenhusten", wobei alle Vokale gedehnt werden.

Größere Schwierigkeiten macht die Herauslösung (Analyse) einzelner Phoneme aus den Klangeinheiten der gesprochenen Sprache (nicht aber die rhythmische Gliederung in Silben).

Diese Schwierigkeiten führen zu Gliederungsfehlern (Auslassungen, Hinzufügungen, Umstellungen (Reversionen) von Buchstaben). Besonders problematisch ist für Erstleser die Strukturierung von Konsonantengruppen (groß, klein, Hund).

B. Schwierigkeiten bei der D i f f e r e n z i e r u n g ähnlicher Phoneme und Grapheme sowie bei der Assoziation zwischen Phonem und Graphem.[1]

Am häufigsten werden lautlich ähnliche Phoneme (artikulatorisch oder akustisch) vertauscht:

- Stimmhafte und stimmlose Konsonanten bei gleicher Artikulationsart und gleichem Artikulationsort: d-t, g-k, b-p, w-f, r-ch (x), s-z.
- Reibelaute: s-sch-ch (x) -h.
- Kurze Vokale bei gleicher Rundung: e-i, u-o.

Ferner werden häufig optisch ähnliche Grapheme verwechselt (m-n, a-o, sch-ch), besonders wenn sich die Grapheme nur in ihrer Raumlage unterscheiden: ei-ie, d-b, d-p.

Differenzierungsschwierigkeiten führen zu Buchstabenfehlern. Phonetische Differenzierungsschwierigkeitern sind - wie die Untersuchungen zur kontrastiven Linguistik belegen (Schwann-Verlag) - häufig durch dialektgefärbte Umgangssprache der Schüler bedingt, bei jüngeren Kindern auch in Diktaten feststellbar, da sie schwierige Wörter durch leises Sprechen artikulatorisch und akustisch zu gliedern versuchen.

Die I n t e g r a t i o n unterschiedlicher lautlicher Varianten eines Phonems oder Graphems spielt m.E. eine geringere Rolle als deren Differenzierung, was schon aufgrund entwicklungspsychologischer Gesetzmäßig

---

[1] Diese Ergebnisse beruhen auf fehleranalytischen Untersuchungen, besonders zu den diagnostischen Rechtschreibetests (Literatur).

keiten zu erwarten ist: Wie beim Sprechenlernen entwickelt sich der Schriftspracherwerb vom Diffus-Ganzheitlichen zum Differenzierten[2]. Lediglich bei Phonemen bzw. Graphemen, die sehr unähnliche Varianten umfassen, treten Fehlleistungen auf: So fällt es vielen Kindern beim Lesen unbekannter Wörter schwer, die sehr unterschiedlichen Lautvarianten der Vokale (besonders der langen und kurzen Varianten von e und o) zu einem Phonem zu integrieren und mit dem entsprechenden Graphem zu assoziieren. Auch die Integration der vier wichtigsten Graphem-Variationen jedes Buchstabens (groß - klein, Schreib- /Druckschrift) macht vielen Kindern bei der Speicherung Mühe.

C. Schwierigkeiten bei der detailgenauen S p e i c h e r u n g einer zunehmenden Menge komplexer Spracheinheiten.

Es fällt den meisten Kindern nicht schwer, kurzfristig Buchstaben, Wörter und ganze Sätze zu behalten (Kurzzeitgedächtnis); selbst nach etwas längeren Zeiträumen (12-24 Stunden) gelingt es, intensiv zu Hause oder in der Schule geübte Diktattexte richtig wiederzugeben[3].
Beim langfristigen Speichern (Langzeitgedächtnis) gibt es dagegen enorme interindividuelle Unterschiede: Einige Kinder speichern Wörter auch dann fest, wenn sie diese nur wenige Male gelesen oder geschrieben haben; bei den meisten lese-rechtschreibschwachen Kindern sind dagegen sehr viele Wiederholungen nötig, damit sie auch nur die häufigsten Wörter speichern, und auch diese werden (nach dem Prinzip der rückwirkenden Hemmung) wieder vergessen, wenn der Wortschatz zunimmt und immer mehr visuelle Einheiten gelernt werden müssen.
Es ist daher eine große Hilfe für Leseanfänger, wenn man beim Lernprozeß zwischen Buchstaben und Wort eine eingeschränkte Zahl schriftsprachlicher Einheiten geringeren Umfangs einschiebt, die so häufig auftreten, daß sie von allen Kindern gespeichert werden können. Im Erstleseunterricht sollten daher unterschiedlich komplexe Einheiten geübt werden: Neben den elementaren Einheiten (Phonem/Graphem) auch Konsonantengruppen - Silben - Signalgruppen - gebundene (Anfangs- und Endmorpheme) und bedeutungstragende Hauptmorpheme.

---

[2] Die Fehlleistungen bei der Rechtschreibung kann man nach dem Schweregrad in eine Rangreihe bringen: Vom nicht identifizierbaren Buchstabenkonglomerat über Gliederungsfehler - Buchstabenfehler - Regelverstöße zur fehlerhaften Wiedergabe. Verblüffend ähnlich verläuft oft die Entwicklung von Wörtern beim Sprechenlernen: Beispiele:
AKO - KOLADE - SOKOLADE - SCHOKOLADE
BAM - BALAM - BALAMBE - LAMPE

[3] Die von vielen Lehrern in der 1. und 2. Klasse geübte Praxis, Diktate fast wörtlich (meist auch als Hausaufgabe) vorzubereiten, halte ich daher für falsch; denn auch Kinder, die einfache ungeübte Texte weder lesen noch schreiben können, schreiben bei intensiver häuslicher Übung gute Diktate, so daß Eltern und Lehrer die Lese-Rechtschreibschwäche des Kindes zu spät bemerken. Sehr fragwürdig ist es außerdem, Aufgaben der Schule Eltern zu übertragen, zumal dadurch Kinder, deren Eltern dieser Aufgabe nicht gewachsen sind, noch stärker als ohnehin benachteiligt werden.

Sprachstrukturierung							
	Elementare Einheiten		Akustisch-rhythmische Einheiten		Linguistische Einheiten		
Spracheinheiten unterschiedlicher Komplexität	Phonem/ Graphem	Konsonantengruppe	Silbe	Signalgruppe	Anfangs-/ Endmorphem	Hauptmorphem	Wort
Beispiele:	o, au, t, sch	fr, sp, nd	Ha-se	auf, all	ge-, -er, -t	kauf, Ball	Fußballspieler, eingekauft

Abb. 1

Sind diese Einheiten fest gespeichert, so macht es (bei entsprechender Anleitung) kaum einem Kind Mühe, auch komplizierte Wörter zu lesen und zu schreiben; denn es hat gelernt, beim Lesen Wörter in diese Einheiten zu segmentieren bzw. beim Schreiben aus diesen Einheiten Wörter zu kombinieren.

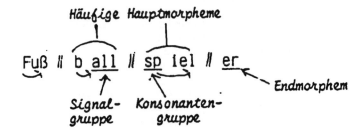

Abb. 2

D. Schwierigkeiten durch den Ballast tradierter R e c h t s c h r e i b - r e g e l n spielen beim Leseanfänger keine Rolle, beeinträchtigen aber die Rechtschreibung bei Schülern ab 3. Klasse in zunehmendem Maße (Regelverstöße sind auch die häufigsten Fehler bei Erwachsenen)[4].

Um die Ausbildungsbarrieren zu beseitigen, die durch teilweise unsinnige und widersprüchliche Rechtschreibregeln bedingt sind, sollte endlich eine umfassende Rechtschreibreform durchgeführt werden, die sich nicht nur auf die gemäßigte Kleinschreibung beschränkt, sondern die Kennzeichnung langer und kurzer Vokale (besonders Dehnungs-h, ie) und speziell alle sogenannten "Ausnahmen" beseitigt.

Die meisten Schüler überwinden die genannten Schwierigkeiten relativ leicht. Verstöße gegen Rechtschreibregeln treten allerdings noch in den 4.-6. Klassen (und später) häufig auf. Der Erfolg des Lese- und Schreiblernprozesses hängt - neben einer fundierten Erstlesemethode - vom Leseinteresse und der Transferfähigkeit der Kinder ab. Wie beim Sprechenlernen können nämlich Kinder auch bei der Schriftsprache Regeln erkennen und anwenden:

Bei der Analogiebildung erkennt das Kind die Regel nicht bewußt, sondern überträgt sie von mehrfach auftretenden Realisierungen auf andere: So wird z.B. die Schreibung von Teileinheiten (Signalgruppen, gebundenen Morphemen) auf ähnliche unbekannte Wörter übertragen. Beispiele: Das Kind kennt die häufigen Wörter kann, dann, wann, Mann und schreibt entsprechend Panne, Kanne, Tanne mit -ann. Das Kind übernimmt das Endmorphem -er von Mutter, Vater, wieder, immer bei Häuser, Fahrer. Aber auch die deduktive Anwendung einer explizit gegebenen Regel ist schon Kindern der 2. Klasse möglich (MÜLLER, 1966), z.B. die Anwendung der Regel, daß Menschen, Tiere, Pflanzen, Dinge groß geschrieben werden. Sehr viele Kinder erkennen und übertragen Regeln spontan, was uns oft erst bei den sog. "guten" (hyperkorrekten) Fehlern auffällt.

In dem Brief eines sechsjährigen Mädchens der 1. Klasse finden sich mindestens drei Beispiele eines spontanen Transfers:

    Omer: Endmorphem -er;
    hatt: Signalgruppe att (hatte, satt, Ratte, Watte) oder Verdopplungsregeln (?);
    mier: ie-Schreibung von langem i.

---

[4] Bei der fehleranalytischen Auswertung der Falschschreibungen im RST 4+ bei 385 Schülern zeigten sich folgende Ergebnisse: Schüler der 5. Klasse machen fast keine phonetischen Fehler mehr (Gliederungs- und Buchstabenfehler). Im Vordergrund stehen folgende orthographischen Probleme: Großschreibung abstrakter Substantive und substantivierter Verben; Kennzeichnung langer Vokale durch Verdopplung, besonders Schreibung des langen i (durch ie oder i) und Schreibung von Dehnungs-h; Kennzeichnung kurzer Vokale durch Konsonantenverdopplung; Schreibung von stimmhaften Verschlußlauten (d, g, b) am Wortende; Schreibung von äu und kurzem ä.

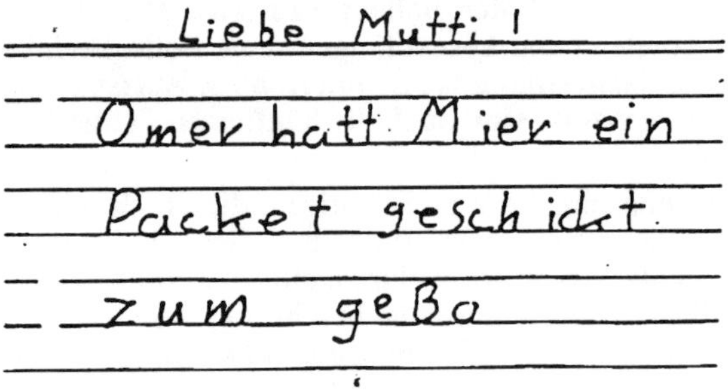

> *Liebe Mutti!*
>
> *Omer hatt Mier ein*
>
> *Packet geschickt*
>
> *zum geBa*

Abb. 3

Schriftsprachstörungen

Das lese-rechtschreibschwache Kind wird dagegen beim Lesen- und Schreibenlernen durch spezifische (individuell unterschiedliche) Schwächen bestimmter kognitiver Funktionen behindert:

- Durch eine M e r k s c h w ä c h e für optische Spracheinheiten, am häufigsten beim langfristigen Speichern komplexer Einheiten, besonders wenn retrograde Hemmungen wirksam sind, seltener beim kurzfristigen Behalten visuell-akustischer Assoziationen einfacher Einheiten (Graphem-Phonem). Lese-rechtschreibschwache Kinder speichern besonders schlecht unanschauliche Spracheinheiten (Grapheme, grammatikalische Morpheme), die zwar häufig sind, aber für die Kinder keine Bedeutung tragen. Sie speichern daher kurze, häufige, aber optisch wenig gegliederte Wörter (in, an, auf, ein) schlechter als längere, aber optisch besser gegliederte und emotional gefärbte Wörter (Auto, Mutter, Boot). Ihr vergleichsweise gutes Gedächtnis für sinnvolle, erlebnisbetonte Zusammenhänge führt dazu, daß sie ganze Fibelseiten wörtlich hersagen können, aber vollkommen versagen, wenn sie nur ein aus dem Zusammenhang gerissenes kleines Wort lesen sollen. Bei der Förderung müssen daher die unanschaulichen, bedeutungslosen Spracheinheiten veranschaulicht, mit möglichst emotional gefärbten Inhalten assoziiert werden, oder es werden Gebärdenhilfen (sog. Fingerlesemethode) und mnemotechnische Tricks verwandt.

- Durch s p r a c h l i c h - a k u s t i s c h e Schwächen: Durch stark dialektgefärbte Umgangssprache, mangelhafte Deutschkenntnisse, Schwierigkeiten bei der akustischen Differenzierung ähnlicher Phoneme. Das ist auch eine der Hauptursachen dafür, daß Kinder aus der sog. Arbeiterschicht (manueller Beruf der Eltern) nachweislich mehr Schwierigkeiten beim Lesen- und Schreibenlernen haben.

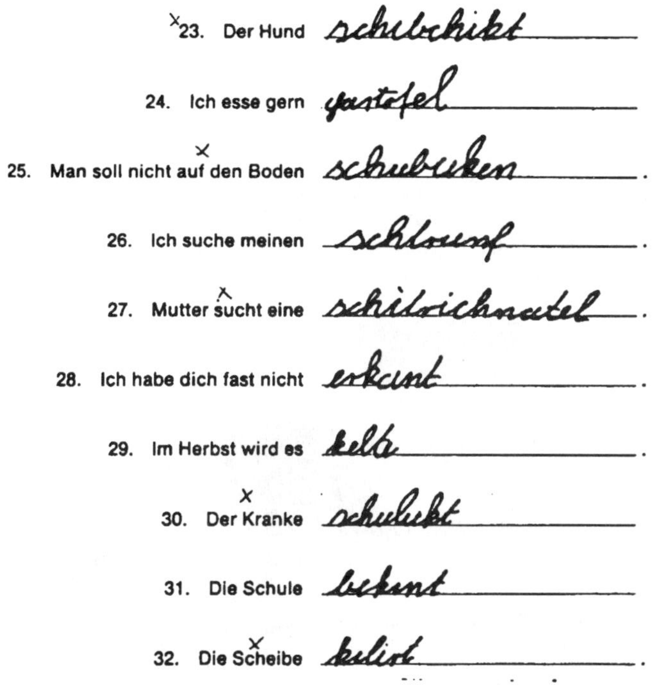

      ˣ23. Der Hund *schlbchikt*

      24. Ich esse gern *partofel*

  25. Man soll nicht auf ˣden Boden *schubuken*.

      26. Ich suche meinen *schlouf*.

      27. Mutter sˣucht eine *schilrichnatel*.

      28. Ich habe dich fast nicht *erkant*.

      29. Im Herbst wird es *kelt*.

      30. Der ˣKranke *schulikt*

      31. Die Schule *bekint*

      32. Die Sˣcheibe *kulirt*.

Abb. 4

Die Wiedergabe einer Testseite aus dem DRT 2 ist ein instruktives Beispiel für die Schwierigkeiten, die türkische Kinder bei der Schreibung von Konsonantengruppen haben können, die in ihrer Muttersprache kaum vorkommen. Nach dem Prinzip der "Vokalharmonie" schiebt dieser achtjährige Junge klangähnliche Vokale zwischen die beiden Konsonanten.

- Durch M o t i v a t i o n s -   und   K o n z e n t r a t i o n s s c h w ä - c h e n, die teils primär (z.B durch häusliche Probleme), teils sekundär (als Folge vieler Mißerfolgserlebnisse) bedingt sind.

Grundsätze bei der Förderarbeit

Auf die Förderung lese-rechtschreibschwacher Kinder kann ich hier nur ganz kurz eingehen. Folgende Regeln sollten dabei beachtet werden:

1. Jedes Kind braucht eine   g e z i e l t e   Förderung, die seine individuellen Schwächen berücksichtigt. Da Ursachen und Erscheinungsformen von Schriftsprachstörungen in jedem Einzelfall verschieden sind, kann nicht ein und dieselbe Methode für jedes Kind geeignet sein.

2. Voraussetzung einer individuell-gezielten Föderung ist die gründliche Überprüfung der Leistungsfähigkeit jedes Kindes in den relevanten Bereichen der Schriftsprache. Diese Überprüfung sollte in zwei Etappen stattfinden:

- T e s t d i a g n o s e vor Beginn der Förderarbeit und zur Erfolgskontrolle in größeren Zeitabständen. Unter Einsatz von diagnostischen Lese- und Rechtschreibtests kann man die spezifischen Lese- und Rechtschreibprobleme eines Kindes feststellen, aber auch seine Basiskenntnisse als Ausgangspunkt der Förderarbeit.

Abb. 5

In dem Beisspiel aus dem DRT 1 (diagnostischer Rechtschreibtest für Ende 1. Klasse) fallen als Buchstabenfehler u.a. auf: Besondere Schwierigkeiten beim Murmel-r am Wortende (Nr. 2, 11, 13) und beim gutturalen ch (Nr. 6, 16). Die Gliederung von Konsonantengruppen gelingt dagegen (Nr. 4, 5, 6, 9).

- P r o z e ß d i a g n o s e, die kontinuierlich die Förderarbeit begleitet. Dabei ist eine fortgesetzte differenzierte Beobachtung der Leistungsfortschritte, neu auftretender Schwierigkeiten, Schwankungen der Motivation notwendig, um sofort entsprechend methodisch und pädagogisch reagieren zu können.

3. In den so diagnostizierten Problembereichen ist ein verlangsamtes methodisch fundiertes Trainingsprogramm notwendig, das nur in k l e i n e n Fördergruppen erfolgversprechend ist. Bisweilen sind die Fortschritte in einem Bereich so gering, daß k o m p e n s a t o r i s c h andere kognitive Prozesse beansprucht werden müssen. Beispiel: Hat ein Kind eine so ausgeprägte Speicherschwäche, daß es - trotz vieler Wiederholungen - auch prägnante, einfach aufgebaute Wörter nicht einmal kurzfristig behalten kann, so muß es die Buchstabensynthese so intensiv üben, daß sie schnell und automatisiert abläuft.

4. Beim Basistraining sollten nur die h ä u f i g s t e n Schrifteinheiten benutzt werden, um die Speicherkapazität des lese- und rechtschreibschwachen Kindes nicht zu überfordern. Bei der zeitlichen Abfolge muß der Lehrer die Gefahren retrograder Hemmungen berücksichtigen.

Die 100 häufigsten Morpheme, die in allen der unten aufgeführten Fibeln und Leselehrgänge vorkommen (mit Ausnahme des Leselehrgangs des PZ [Beltz], in dem extrem wenig verschiedene Morpheme (135) auftreten.

60 Operatoren (Alle Wortarten außer Substantiven, Adjektiven, Vollverben)

all	dann	er	im	mach	oder	viel	wird
am	das	erst	immer	mein	sein	vor	wo
an	dem	es	in	mir	sich	was	woll
auch	den	für	ist	mit	sie	wer	zu
auf	der	hab	ja	nach	sind	wie	
aus	die	hat	kann	nein	so	wieder	
bei	doch	her	kein	nicht	um	will	
da	ein	ich	konn	noch	und	wir	

40 Inhaltsmorpheme (Substantive, Adjektive, Vollverben)

arm	blau	frag	Haus	komm	Maus	sag	Tag
Auto	Brot	geh	hol	lauf	Mutter	spiel	Tür
Ball	fahr	groß	kauf	Leute	Nacht	steh	Vater
Baum	fall	gut	Kind	mal	Nase	Straße	Wasser
Bett	flieg	halt	klein	Mann	rot	such	weiß

Abb. 6.1

Übungswörter mit den 12 häufigsten Signalgruppen

	Übungswörter (besonders häufige Wörter unterstrichen)
ach	machen, nach, Nacht, acht, Dach, Sache, wach, Bach, lachen, Fach, flach, Krach, schwach, Rache, Drache, gedacht.
and	andere, Hand, Wand, Rand, Land, stand, Sand, fand, Band, Strand.
ann	dann, kann, Mann, wann, Wanne, Kanne, Tanne, Panne, Pfanne, kannte, rannte, nannte, brannte.
aus	aus, Haus, Maus, sausen, Laus, heraus, hinaus, Nikolaus, Pause, Brause, Faust, braust.
ein	ein, kein, mein, sein, nein, klein, dein, Bein, scheint, Stein, rein, fein, Wein, Schwein, allein, hinein, herein.
eit	Leiter, Leitung, weit, Zeit, -heit, -keit, -seit, breit, schreit, schneit, reiten, gleiten, streiten, Zeitung.
ich	ich, nicht, sich, -lich, mich, Licht, dich, richtig, sicht, Strich, dicht, bricht, sticht, spricht, wichtig.
imm	immer, nimm, schwimmen, Zimmer, Himmel, Stimme, Schimmel, stimmt, glimmt.
ind	sind, Kind, finden, Wind, Rind, blind, binden.
och	doch, noch, hoch, kochen, Loch, Knochen, gebrochen, gestochen, gerochen, gesprochen
oll	wollen, soll, voll, Zoll, rollen, Wolle, Stolle.
und	und, Hund, Mund, rund, Grund, Pfund, gesund, Wunde, Stunde, gefunden, gebunden.

Abb. 6.2

Daher werden in den von mir entwickelten Arbeitsmitteln zur "Frühbehandlung der Leseschwäche" (MÜLLER, 1983) nur 100 häufige Morpheme und 12 Signalgruppen gespeichert.

5. Mit der M o t i v a t i o n der Kinder steht und fällt die Förderarbeit. Eine Kombination von sich ergänzenden Motivationsformen, auf die ich hier nicht näher eingehen kann, ist besonders wirksam (ausführlich s. MÜLLER, 1984).

Entwicklung der Lesemotivation

Leseinteresse (»Ich habe Lust zum Lesen«)
↑
Leistungsmotivation (»Ich will lesen lernen«)
↗ ↖
Indirekte Motivation   Motivation durch
(z.B. Belohnung, Lob,   Arbeitsmittel, Lesespiele
Kooperation, Wettbewerb)

Abb. 7

Bei der indirekten Motivation haben sich - neben Lob - auch Belohnungen nach einem Tokensystem bewährt. Sehr wichtig ist gemeinsames Arbeiten,

gegenseitige Hilfe und Kontrolle, aber auch Wettbewerb bei gleichen Gewinnchancen, weshalb ich Förderung in kleinen Gruppen der Einzelförderung vorziehe. Attraktive Arbeitsmittel und Lesespiele sind notwendige Hilfsmittel.
Um Leistungsmotivation zu entwickeln, sollen sich die Kinder von Anfang an mit den Zielen der Förderarbeit identifizieren, indem sie bei der Wahl der einzelnen Arbeitsschritte und der Arbeitsmaterialien miteinbezogen werden und ihre Fortschritte selbst zu kontrollieren lernen (z.B: Notieren der Arbeitsschritte auf einem Kontrollblatt, Fehlerkartei).
Oberstes Ziel ist die Entwicklung von L e s e i n t e r e s s e : Das Kind liest, weil es sich für den Inhalt eines Buches interessiert. Um für Leseanfänger und lese- und rechtschreibschwache Kinder geeignete Lesetexte zu finden, habe ich 400 preiswerte Kinderbücher analysiert (MÜLLER, 1988). Dabei fand ich einige Kinderbücher, die so leicht lesbar und zugleich inhaltlich so motivierend sind, daß auch lese- und rechtschreibschwache Kinder sie gerne lesen. Gelingt es uns, auch Kinder mit schwerer Lese- und Rechtschreibschwäche zum spontanen Lesen zu motivieren, so haben wir gemeinsam einen großen Schritt zur Überwindung ihrer Schwäche getan.

Literatur

Diagnostische Lese- und Rechtschreibtests:

DLF 1-2: Diagnostischer Lesetest zur Frühbehandlung von Lesestörungen. Beltz, Weinheim, 1984.

DRT 1: Diagnostischer Rechtschreibtest für 1.Klasse. Beltz, Weinheim, 1990.

DRT 2: Diagnostischer Rechtschreibtest für 2.Klasse. Beltz, Weinheim, 1966. Neunormierung 1983.

DRT 3: Diagnostischer Rechtschreibtest für 3.Klasse. Beltz, Weinheim, 1966. Neunormierung 1983.

Dialekt/Hochsprache - kontrastiv. Sprachhefte für den Deutschunterricht. Hrsg.: W.Besch, H.Löffler, H.H.Reich: Schwann-Verlag, Düsseldorf.

Müller, R.: Deduktives Denken bei achtjährigen Kindern. Z. exp. angew. Psychol. 13. 2. 1966.

Müller, R.: Untersuchungen zum Leseinteresse von Grundschülern und zur Lesbarkeit von Texten für Leseanfänger. von Kloeden, Berlin, 1982.

Müller, R.: Kinderbücher für Leseanfänger. Analyse und Empfehlungen. von Kloeden, Berlin, 1988.

Müller, R.: Frühbehandlung der Leseschwäche. Beltz Praxis, Weinheim Basel, 1984.

Müller, R.: Materialien zur Frühbehandlung der Leseschwäche. von Kloeden, Berlin, 1983.

Dr. Rudolf Müller
Schulpsychologische Beratungsstelle Berlin-Wilmersdorf
Hohenzollerndamm 174-177
1000 Berlin 31

Barbara Kochan
Möglichkeiten und Grenzen des computerunterstützten Unterrichts

1. Vorbemerkung

Dem Thema des Symposions und meinen eigenen didaktischen Erfahrungen entsprechend beziehe ich mein Vortragsthema ausschließlich auf den schriftsprachlichen Unterricht, der zum Ziel hat, daß Kinder die Schriftsprache erwerben und gebrauchen. Dabei konzentriere ich mich auf das *Schreibenlernen*. Allerdings fasse ich mit dem Ausdruck "Schreibenlernen" nicht nur den Anfangsunterricht ins Auge, denn das Schreibenlernen kann mehr oder weniger lange vor dem 1. Schuljahr beginnen, und es kann nicht nur für diejenigen, die dabei Schwierigkeiten haben, weit über das 1. Schuljahr hinausreichen. Die Bestimmung von Anfang und Ende des Schreiblernprozesses sowie auch seiner Komponenten und Stadien hängt davon ab, was man unter "Schreiben" eigentlich versteht.

Vom *Schreibbegriff* hängt schließlich auch ab, welche Medien geeignet erscheinen, den Schreiblernprozeß zu unterstützen, also auch, ob der Computer das Schreibenlernen zu unterstützen vermag.

2. Schreibforschung und Schreibunterricht

In der *Bundesrepublik* stecken Schreibtheorie und empirische Schreibforschung noch in den Anfängen. So fehlt unserer Schreibdidaktik eine schreibwissenschaftliche Grundlage. Entsprechend hält sich unser Schreibunterricht vorwiegend erst einmal an die jedermann sichtbaren Komponenten: an die Bewegung beim Handschreiben und an die Rechtschreibung. Was darüber hinausgeht, das Gedankliche und Schöpferische, behalten wir meistens den höheren Klassenstufen vor - wenn es denn im Korsett der jeweiligen Auffassung von Aufsatzunterricht überhaupt je zum Zuge kommt.

Bei uns wird Schreiben hauptsächlich sozusagen von außen nach innen unterrichtet: von der Motorik des Handschreibens über das Einprägen der Orthographie bis zur Übernahme von Textsortenstrukturen.

Demgegenüber gründet sich die *angelsächsische* Schreibdidaktik heute auf einen kognitionspsychologischen Schreibbegriff und entsprechende Forschung. Er definiert Schreiben als von innen nach außen gerichteten Denkvorgang. Demgemäß führt der Schreibunterricht die Kinder von der Schreibidee über deren gedankliche Entfaltung und sprachliche Formulierung hin zu deren Präsentation im Medium der Schrift. Autorentätigkeiten bilden das Fundament für das funktionale Erlernen von Sekretärstätigkeiten, zu denen dann auch das Rechtschreiben gehört.[1]

---

[1] siehe z.B. D.Graves: Writing: Teachers and Children at Work. Portsmouth NH: Heinemann 1983. F.Smith: Writing and the Writer, London: Heinemann 1982

Die Produktion der Schrift kann manuell, also handschriftlich, erfolgen oder auf mancherlei andere Art. Beispielsweise kann man seinen Text jemandem diktieren, oder man kann eine Maschine benutzen, z.b. einen Computer mit Textverarbeitungsprogramm und Drucker. Der Schreibprozeß endet erst mit der Entscheidung des Verfassers über die Freigabe des Textes für einen oder mehrere Leser.

3. Computer im Schreibunterricht?

Wenn wir nun der Frage nachgehen, ob und wie der Computer das Schreibenlernen unterstützen kann, liegt die finanzielle Überlegung nahe, ob der Computer Hilfen bietet, die nicht auch durch preiswertere Medien geleistet werden können. Es gilt also, die Einzigartigkeit und Überlegenheit des schreibdidaktischen Potentials des Computers ausfindig zu machen.

Zunächst ist der Computer zu prüfen in seiner möglichen *Funktion eines Hilfsmittels*, wenn auch eines neuartigen, *für ein altes, unverändertes Ziel, das Schreibenlernen*. Kann der Computer zur Lösung bereits bestehender didaktischer oder methodischer Probleme besser als andere, herkömmliche Hilfsmittel beitragen? Diese Fragestellung ist wichtig - aber nicht ausreichend.

Die Schreibdidaktik aller Schulstufen muß auch danach fragen, *ob die Tätigkeit "Schreiben" bei Benutzung des Computers noch dieselbe bleibt*, als die wir sie bisher kennen, ausüben und in der Schule lehren.

Auch in die schreibenden Berufe dringt der Computer zügig ein. Immer mehr Sekretärinnen, Journalisten und Schriftsteller schreiben mit dem Computer. Verändert dieses neue Schreibwerkzeug die Praxis und schließlich den Begriff des Schreibens? In Frankreich ist heute jeder Telefonanschluß mit einem Computergerät, einem Minitel, ausgestattet (das war kürzlich einem Fernsehbericht zu entnehmen). Bei uns verfügen heute immerhin 10% der Privathaushalte über einen Computer. (Das stand kürzlich in den Zeitungen). Im Zuge solcher Entwicklung könnte der Computer bald *ein Werkzeug für die schriftliche Kommunikation für jedermann* sein. Darauf müßte die Schule bereits jetzt vorbereiten, vom ersten Schuljahr an.

Oder wird die Entwicklung der Computertechnik *das Schreiben etwa überflüssig* machen - indem sie die bisher übliche Buchstabentastatur ersetzt durch ein Gerät für die mündliche Texteingabe? Wird das Schreiben etwa eine alte Kunst werden, die dann nur noch wenige Spezialisten beherrschen, in Analogie zum mündlichen Erzählen von Märchen und Geschichten, einer Fertigkeit, die vor Erfindung des Buchdrucks verbreitet war, über die heute aber nur noch wenige Menschen verfügen? (Sogar in den Schulstuben werden Märchen und Geschichten heute selten erzählt - vorgelesen werden sie, oder die Kinder lesen sie selber.)

Nun, die neue Mündlichkeit, die elektronisch vermittelte Mündlichkeit, wenn es sie denn je geben sollte, liegt wohl noch in so weiter Zukunft, daß sie unsere bildungspolitischen und didaktischen Entscheidungen heute noch nicht berührt. Was wir aber heute sehen können und berücksichtigen müssen, ist der Computer als Schreibwerkzeug.

4. Der Computer als Schreibwerkzeug in Grundschulen anderer Länder

In der Bundesrepublik Deutschland hat der Computer in dieser Funktion noch nicht die Klassenzimmer erreicht. Aber nicht nur in den USA ist das anders.

Ich habe im vorigen Jahr zahlreiche Kontakte geknüpft zu Lehrern und Schreibdidaktikern in den Ländern der EG und habe an mehreren internationalen Konferenzen teilgenommen über den Computereinsatz im Grundschulunterricht, auch im Muttersprachunterricht, besonders im Bereich Schreiben. Von daher weiß ich, daß in der Pädagogik vieler anderer Länder nicht mehr gegrübelt wird, ob der Computer in der Grundschule eingesetzt werden soll - er wird bereits eingesetzt, und man probiert aus, wie er für Kinder oder von Kindern am besten genutzt werden kann. Internationale Übereinstimmung, von Kanada bis Australien, von Portugal bis Island, besteht darin, daß er Grundschulkindern ein pädagogisch besonders wertvolles Potential als Werkzeug des Erwerbs und Gebrauchs der Schriftsprache bietet.[2]

Nicht erst Grundschulkindern übrigens. Das renommierteste *französische* Forschungsprojekt über die Funktion des Computers beim Schriftspracherwerb, das seit 1983 in mehreren Vor- und Grundschulen durchgeführt wird, bezieht - dem französischen Vorschulsystem entsprechend - *Kinder ab 2 Jahre* ein. Die bisherigen Ergebnisse sind 1987 von Rahel Cohen als Buch veröffentlicht worden unter dem Titel: "Les jeunes enfants, la découverte de l'écrit et l'ordinateur ".[3] Berichtet wird darüber, wie kleine Kinder mit dem Computer die Schrift entdecken. Ich betone: entdecken; es geht also nicht um Lehrgänge oder gar um so etwas wie programmiertes Lernen.

Die *englischen Grundschulen* sind seit 1984/85 mit mindestens je zwei Computern ausgestattet. Und mindestens zwei Lehrerinnen oder Lehrer pro Grundschule haben an entsprechenden Fortbildungsmaßnahmen teilgenommen. Es gibt in Großbritannien mehrere *speziell für Grundschulkinder entwickelte Textverarbeitungsprogramme*, die den Computer - in Verbindung mit einem Drucker - zum Schreibwerkzeug für Kinder machen. Es gibt dazu, neben der üblichen Buchstabentastatur, *spezielle Eingabegeräte* für Schreibanfänger. Beispielsweise eine *Begriffstastatur*. Sie ermöglicht das Eingeben ganzer Wörter. Ein anderes in britischen Grundschulen verwendetes Eingabegerät heißt "Quinkey"; es paßt gut in eine Kinderhand und hat nur fünf Tasten (mit diesen fünf Tasten können sämtliche Buchstaben des Alphabets eingegeben werden).

---

[2] CERI (= Centre for Educational research and Innovation) (ed.), Information Technologies and Basic Learning. Reading, Writing, Science and Mathematics. Paris: OECD 1987

[3] Paris: Presses Universitaires de France 1987

Eingesetzt wird der Schreibcomputer in Großbritannien vorwiegend *im Spracherfahrungsansatz in offenen Unterrichtsformen*. Das Schreibenlernen wird dabei von den individuellen Spracherfahrungen und Mitteilungsbedürfnissen der Kinder her entwickelt, nicht von einem Lehrgang aus gesteuert.[4]

Inzwischen geht die britische Schulpolitik noch einen weiteren Schritt in Richtung elektronischen Schreibens: Alle Grundschulen sollen nach und nach mit *electronic mail* Systemen ausgestattet werden. Auf diese Weise können Grundschulkinder landesweit, ja sogar international miteinander, aber auch mit anderen Adressaten, korrespondieren, und zwar ohne zeitliche Verzögerung durch den Postweg. Lehrer und Forscher beschreiben immer wieder, wie stark Kinder vom elektronischen Briefkasten zum Schreiben motiviert werden und welche erstaunlichen Schreibleistungen sie dabei erbringen. *Electronic mail* Systeme eröffnen den Kindern Zugang zu einem wirklichen Lesepublikum.

Die Kinder können Kontakt zu zunächst anonymen Menschen aufnehmen und können sich schriftlich nach und nach vertraut miteinander machen. Davon geht offenbar ein besonderer Reiz aus. Und am Ende kann es zur persönlichen Begegnung kommen. So habe ich z.B. von einer englischen Grundschulklasse gehört, die elektronisch mit einer griechischen Klasse korrespondierte. Diese Korrespondenz mündet jetzt in einen Schüleraustausch. Die Kinder haben Schreiben in beziehungs-, vielleicht freundschaftsstiftender Funktion erfahren. Im Sommer 1987 sollen bereits 700 britische Grundschulen über einen Anschluß an electronic mail verfügt haben.

In Großbritannien gibt es zahlreiche *Lehrerfortbildungsstätten*, in denen sich die Lehrer mit den didaktischen Möglichkeiten des Computers vertraut machen. Spezielle Berater betreuen die Schulen bei der unterrichtlichen Anwendung. Viele Lehrer beteiligen sich an der Weiterentwicklung computerunterstützter Medien.

In englischer Sprache liegt bereits eine Fülle von *wissenschaftlicher und unterrichtspraktischer Literatur* vor über die Anwendung des Computers zur Entwicklung schriftsprachlicher Fähigkeiten - vom Kindergarten bis zum Abitur.[5] Mir sind etwa 70 derzeit laufende Forschungsprojekte auf diesem Gebiet bekannt.

Einblick in die Situation in anderen Ländern gebe ich hier keineswegs in der Meinung, all diese Aktivitäten seien nachahmenswert. Aber ich möchte damit verdeutlichen, daß es höchste Zeit ist, das Thema "Computer in der Grundschule" in der Bundesrepublik Deutschland nicht länger als Tabu zu behandeln, sondern bildungspolitisch, unterrichtswissenschaftlich und schulpraktisch endlich anzupacken.

---

[4] siehe z.B. J.Baskerville: The language curriculum and the role of word processors in developing written language in the primary school. In: J.Trushell (ed.), A Word Processor in the Language Classroom. Slough: National Foundation for Educational Research 1986

[5] D. Chandler & S. Marcus: Computers and Literacy. Milton Keynes: Open University Press 1985

Die "computerfreie Zone Grundschule" in der Bundesrepublik ist als gewollter Zustand einmalig in der Europäischen Gemeinschaft und erregt im Ausland ungläubiges bis bedauerndes Kopfschütteln, jedenfalls Unverständnis.

5. Erste Erfahrungen und Ergebnisse

Wir sollten auf den ausländischen Forschungsergebnissen und Unterrichtserfahrungen aufbauen.
Die für das Thema des Symposions wichtigsten Resultate will ich Ihnen darum kurz mitteilen:

5.1. Vorbehalte gegenüber Trainingsprogrammen

Lern- und Übungsprogramme zum kursartigen Training bestimmter Teilfertigkeiten des Lesens oder Schreibens werden für den normalen Unterricht inzwischen weitgehend abgelehnt. Das gilt insbesondere für Rechtschreiblehrgänge. Um Mißverständnisse zu vermeiden, betone ich, daß ich jetzt vom normalen Unterricht spreche; ich bestreite nicht pauschal den möglichen Wert begrenzter, gezielter computerunterstützter Maßnahmen zur Überwindung besonderer Probleme.

Die Vorbehalte gegen das Lehrgangslernen am Computer werden für den Bereich Rechtschreiben hauptsächlich folgendermaßen begründet:

5.1.1. Entdeckendes versus einprägendes Rechtschreiblernen

Ergebnisse neuerer Schreiblernforschung (auch aus der Bundesrepublik) weisen darauf hin, daß sich das Erlernen der Orthographie eher als Vorgang des Entdeckens, Regelbildens und Regelumbildens vollzieht und nur sehr begrenzt und bedingt als Vorgang des Einprägens.[6]
Die kindliche Entdeckung orthographischer Teilaspekte schlagen sich in sogenannten erfundenen Schreibweisen nieder. Wenn Kinder für ihre Schreibweisen subjektiv triftige Gründe haben, sollten wir sie nach diesen Gründen fragen und an eben den angegebenen Gründen weiterarbeiten, statt nur oberflächlich die vorgeschriebene Schreibweise dagegenzusetzen mit dem Auftrag: Übe das, bis du es kannst. Auf seinem individuellen kognitiven Weg zur Orthographie braucht das Kind einen verständigen Partner, der die vorgeschriebene Schreibweise nicht nur präsentiert, son-

---

[6] vgl. dazu M.Dehn: Über die sprachanalytische Tätigkeit des Kindes beim Schreibenlernen. In: Diskussion Deutsch. 16 (1985), S.25-51. G.Scheerer-Neumann, R.Kretschmann und H.Brügelmann: Andrea, Ben und Jana: Selbstgewählte Wege zum Lesen und Schreiben. In: H.Brügelmann (Hrsg.), ABC und Schriftsprache: Rätsel für Kinder, Lehrer und Forscher. Konstanz: Faude 1985, S.55-96. G.Spitta: Kinder schreiben eigene Texte: Klasse 1. und 2. Bielefeld: CVK 1985. R.Valtin (unter Mitarbeit von Anke Bemmerer und Gabi Nehring): Kinder lernen schreiben und über Sprache nachzudenken - Eine empirische Untersuchung zur Entwicklung schriftsprachlicher Fähigkeiten. In: R.Valtin und I.Naegele (Hrsg.), "Schreiben ist wichtig!" Grundlagen und Beispiele für kommunikatives Schreiben(lernen). Frankfurt/M.: Arbeitskreis Grundschule 1986, S.23-53.

dern auch in ihrer inneren Logik begreift, und der die kognitive Leistung, die sich in normabweichender, kindlicher Schreibung verbirgt, zu erkennen und zu würdigen versteht, und der dem Kind darauf abgestimmtes Material gibt, an dem es weiterführende Entdeckungen machen kann.[7] - Herkömmliche Übungssoftware leistet das nicht.

5.1.2. Integriertes versus isoliertes Rechtschreiblernen

Ein weiterer Vorbehalt gegenüber Rechtschreibtrainingssoftware ergibt sich aus praktischen Erfahrungen mit Kindern, die selbstformulierte Texte mit einem Textverarbeitungsprogramm am Computer schreiben. Die Kinder sind dabei besonders motiviert, ein auch orthographisch einwandfreies Produkt zu schaffen. Sie verwenden mehr Mühe auf die Korrektur als beim Handschreiben und gelangen zu besseren Ergebnissen. Eine in den gesamten Schreibprozeß integrierte und produktorientierte Arbeit an der Rechtschreibung erscheint vielen Lehrern und Forschern pädagogisch wertvoller und auch wirksamer als ein isoliertes, kursartiges Rechtschreibtraining.[8]

5.1.3. Das Prinzip der dynamischen Unterstützung

Eine andere Begründung für die Zurückhaltung gegenüber Lehrgangssoftware im Unterricht geht auf eindrucksvolle Forschungsergebnisse zurück, zu denen in den USA LEVIN und seine Mitarbeiter[9] gelangt sind. Die computergestützte Schreibumgebung, die er unter der Bezeichnung "A Writer's Assistent" entwickelt hat, basiert auf dem schreiblerntheoretischen "Prinzip der dynamischen Unterstützung". Die Grundidee ist, daß der Schreibanfänger maximale Unterstützung braucht - und erhält. Solange er die Rechtschreibung nicht beherrscht, hilft ihm ein Rechtschreib-Korrektur-Programm. Berichtet wird, daß die Kinder den Ehrgeiz haben, sich von dieser Unterstützung möglichst unabhängig zu machen. Der Grad der Unterstützung kann dem individuellen Lernfortschritt angepaßt werden, durch den Lehrer oder durch das Kind selber. Auch hier ist der Rechtschreiblernprozeß in den gesamten Schreiblernprozeß und in jeweils sinnvolle Schreibvorgänge im Zuge des Textverfassens eingebettet. Ein spezielles Trainingsprogramm erscheint überflüssig.

---

[7] B.Kochan: Kann Alex aus seinen Rechtschreibfehlern lernen? In: H.Balhorn und H.Brügelmann (Hrsg.), Welten der Schrift in der Erfahrung der Kinder. Konstanz: Faude 1987, S.136-146.

[8] siehe z.B. F.Potter: Exploring the use of microcomputers in language and reading: Breaking away from drills and programmed instruction. In: D.Dennis (ed.), Reading: Meeting Children's Special Needs. London: Heinemann 1984, pp.130-133. J.Anderson: The Printout: Computers and the reading teacher: An Australian perspective. In: The Reading Teacher, vol.41,N°7, March 1988, pp.698-700.

[9] J.A.Levin, M.J.Boruta & M.T.Vasconcellos: Microcomputer-based environments for writing: A Writer's Assistent. In: A.C.Wilkinson (ed.), Classroom Computers and Cognitive Science. New York 1983, pp.219-223.

5.2. Wertschätzung des Computers als Schreibwerkzeug

Ein weiteres Resultat ausländischer Forschung und Erfahrung besteht in der Wertschätzung des Computers als Schreibwerkzeug der Kinder. Man beruft sich vor allem auf folgende Beobachtungen:

a) Die meisten Kinder schreiben lieber mit dem Computer als mit Stiften oder Füllern.

b) Die meisten Kinder schreiben mit dem Computer längere Texte.

c) Das ausgedruckte Erscheinungsbild des Textes veranlaßt die Kinder, ihre Texte als Produkte für Leser zu verfassen. Kleine Bücher und Zeitschriften können leicht hergestellt werden.

d) Die Kinder überarbeiten ihre Texte am Computer mehrmals.

e) Wenn zwei oder mehr Kinder am Computer gemeinsam einen Text verfassen, sprechen sie über ihre Vorschläge und Entscheidungen. Sie setzen sich mit den verschiedenen Komponenten des Schreibens bewußt und engagiert auseinander und erwerben dabei eine Sprache für Aspekte und Probleme des Schreibens. Es liegt auf der Hand, daß das den Schreiblernprozeß fördert.

6. Besonderheiten des Computers als Schreibwerkzeug

Beobachtungen dieser Art will ich nun etwas erläutern mit einigen Hinweisen auf Besonderheiten des Computers als Schreibwerkzeug:

6.1. Die Tastatur

Die Schreibmotorik des Tastaturschreibens unterscheidet sich wesentlich von derjenigen des Handschreibens: Beim Handschreiben muß die Buchstabenform motorisch vollzogen, d.h. rekonstruiert werden; beim Tastaturschreiben wird sie lediglich ausgelöst, sie ist auf der Tastatur bereits vor dem Schreiben vorhanden.

Dazu ist zweierlei zu bemerken:

a) Das Tastaturschreiben ist gerade für Schreibanfänger physisch bedeutend weniger anstrengend als das Handschreiben. Die *physische Entlastung* ermöglicht den Kindern, ihre Aufmerksamkeit stärker den kognitiven Komponenten des Schreibens zuzuwenden.

b) Ferner: Die Kinder können sich auf die *visuelle Unterscheidung und Identifizierung* der Buchstaben konzentrieren. Sie werden davon nicht durch das Nachbilden der Buchstaben abgelenkt.

Eine Reihe amerikanischer Untersuchungen hat gezeigt, daß Schreibanfänger "viel geringere Schwierigkeiten (haben), Formen zu analysieren als sie zu rekonstruieren"[10]. "Buchstaben (ab)schreiben ist offensichtlich auf eine andere Fähigkeit gegründet als die Unterscheidung von Buchstaben."[11] Es ist beobachtet worden, daß Kinder, während sie einen neuen Buchstaben mit der Hand abzuschreiben lernten, Regressionen im visuellen Buchstaben-Unterscheiden zeigten[12].

6.2. Der Monitor

Beim Schreiben am Computer erscheint der Text zunächst auf dem Monitor, nicht sogleich auf Papier. Der Monitor präsentiert den Text in einem *vorläufigen Zwischenstadium*. Am Monitor kann der Schreiber noch allerlei Veränderungen am Text vornehmen:

a) Er kann Textteile - vom Einzelbuchstaben bis zu ganzen Abschnitten - *löschen*, ohne daß eine Lücke zurückbleibt, denn die wird sofort geschlossen. Wenn man z.B. das Wort "Maske" mit zwei <s> geschrieben hat, und dann das zweite <s> löscht, rückt der Rest des Wortes (wie auch aller eventuell noch folgender Text) lückenlos an das erste <s> heran. Vom Fehler, von der Korrektur bleibt keine Spur mehr.

b) Der Schreiber kann am Monitor auch mühelos Textteile *einfügen*. Den dafür nötigen Platz schafft der Computer, indem er den Rest des Wortes (oder Textes) nach hinten verschiebt. Beim Handschreiben dagegen bliebe der dazwischengequetschte Buchstabe als nachträglich eingefügt sichtbar. Bei mehreren Einfügungen oder Streichungen auf dem Papier müßte der Schreiber entweder ein häßliches Aussehen seines Textes in Kauf nehmen, oder er müßte alles nochmal abschreiben.

Verständlich, daß viele Kinder unter diesen Umständen Änderungen auf dem Papier lieber unterlassen. Ich habe selber in der Arbeit mit Kindern beobachtet, daß sie Fehler in ihren handschriftlichen Texten angeblich oder tatsächlich nicht bemerkten, Fehler am Monitor aber geradezu mit Begeisterung suchten, fanden und korrigierten. Ein Junge machte daraus ein Spiel: Er nannte sich Wörterchirurg und machte sich ans Operieren der Wörter - er band sich dazu sogar ein Mundtuch um.
Das leichtere Auffinden der eigenen Fehler am Monitor hängt z.T. sicherlich auch mit dem *stets ordentlichen Schriftbild* zusammen.
Allerdings spielt die Qualität des Bildschirms eine wichtige Rolle. Es ist ein Irrtum anzunehmen, kleine Kinder bräuchten nur kleine, d.h. billige, nicht so leistungsfähige Computerausstattungen. Das Gegenteil trifft zu.

---

[10] C.S.W.Rand (1973): Copying in drawing: the importance of adequate visual analysis vs. the ability to use drawing rules. In: Child Development, 44, pp.47-53.

[11] J. Williams (1975): Traininig children to copy and to discriminate letterlike forms. In: Journal of Educational Psychology, 67, pp. 790-795.

[12] L. McCarthy (1977): A child learns the alphabet. In: Visible Language, 11, pp. 271-284. (Alle drei zitiert nach A.J.W.M. Thomassen & H.-L.H.M. Teulings: The development of handwriting. In: M. Martlew (ed.), The Psychology of Written Language. Developmental and Educational Perspectives. Chichester et al.: Wiley, pp. 179-213.)

Allerdings spielt die Qualität des Bildschirms eine wichtige Rolle. Es ist ein Irrtum anzunehmen, kleine Kinder bräuchten nur kleine, d.h. billige, nicht so leistungsfähige Computerausstattungen. Das Gegenteil trifft zu.
Die *Veränderbarkeit des Textes am Monitor* bezieht sich selbstverständlich nicht nur auf die Rechtschreibung. Auch die Kinder finden bald heraus, daß man noch die Wortwahl ändern kann, den Satzbau, die Reihenfolgen der Aussagen und vieles mehr. Das macht sie zu selbstkritischen Lesern ihrer eigenen Texte, oder es öffnet ihnen zumindest die Ohren für Anregungen, die ihnen jemand anders zum Überarbeiten ihrer Texte gibt, sei es der Lehrer oder seien es Mitschüler.
Der Monitor ist *für andere* (Mitschüler oder Lehrer) im übrigen auch *besser sichtbar* als das Heft oder das Blatt Papier, über das sich der Schreiber beugt. Der Monitor macht den vorläufigen Text also der *gemeinsamen Besprechung* zugänglich.
Die gemeinsame Formulierung oder Bearbeitung wird durch die Tastatur und das einheitliche Schriftbild erleichtert. Einen Füller kann nur immer *ein* Kind über das Papier führen; an der Tastatur können zwei Kinder gleichzeitig tippen. Und wenn sie sich beim Tippen abwechseln, entsteht kein Gemisch zweier Handschriften.
Die Variabilität des Textes auf dem Monitor fordert Kinder nicht nur zu stilistischen Verbesserungen und orthographischen Korrekturen heraus, sondern auch zu vielfältigem Experimentieren: Sie probieren z.B. unterschiedliche Formulierungen aus, unterschiedliche Anfänge, Schlüsse und entscheiden sich dann für das, was sie am besten finden. Sie können sich unbefangen mit der Frage befassen: Bringt das, was da steht, zum Ausdruck, was ich sagen will? Ein Nein hat nicht so aufwendige Folgen wie wenn der Text schon - nach motorischer Mühsal - auf Papier stünde.

6.3. Der Drucker

Auch der Drucker hat Eigenschaften, die sich auf das Schreibverhalten und das Schreibenlernen der Kinder positiv auswirken können: Wenn der eigene Text gedruckt wird, erscheint er Kindern wichtiger. Wenn das, was sie schreiben, schließlich genauso oder doch fast so aussieht wie Texte in Büchern, aus denen sie z.B. lernen, dann bekommt es einen höheren Stellenwert. Das Schreiben wird zum *Publizieren*. Die Kinder wollen Bücher machen, Zeitschriften und Ähnliches. Diese Art Produkte sind in vielfältiger Hinsicht motivierender als ein Heft mit handgeschriebenen Übungen, in denen womöglich noch Fehler angestrichen und vielleicht nicht gerade schmeichelhafte Kommentare oder Noten vermerkt sind.
Bücher und Zeitschriften sollen *von anderen gelesen* werden. Sie können in mehreren Exemplaren hergestellt und anderen Kindern, den Eltern, Freunden, Nachbarn mit Stolz präsentiert werden. Das ist ein Anreiz, sich alle erdenkliche Mühe zu geben, *das Produkt so gut, so schön und so richtig wie nur möglich zu machen.* Die Kinder befassen sich dabei mit allen möglichen Komponenten des Schreibens: Sie suchen interessante Themen; sie wollen den Inhalt leserfreundlich strukturieren; sie suchen möglichst gute Formulierungen; sie streben auch hinsichtlich Orthographie

Und schließlich: Das publizierte Produkt soll schön aussehen. Mit Bedacht wählen die Kinder die Schrifttype aus, ja gestalten ihren Text typographisch. Da man die Schrift für den Druck erst ganz zum Schluß festlegen muß, wird der Text nochmals gelesen und inhaltlich geprüft, um zu entscheiden, welche Wörter, welche Textstellen in welcher Schrift gedruckt werden sollen. Auch der Anordnung des Textes im Raum des Blattes widmen Kinder ihre Aufmerksamkeit: Was gehört zusammen? Wo beginnt etwas Neues? Fragen, die nur zu beantworten sind, wenn man sich nochmal mit dem Aufbau, der Struktur des Textes befaßt. Dabei kann es vorkommen, daß man noch Strukturschwächen des Textes bemerkt und noch beheben kann.

6.4. Weitere Besonderheiten

Es gibt noch eine Reihe zusätzlicher Einrichtungen, wie z.B. den schon erwähnten elektronischen Briefkasten oder die Vernetzung mit anderen Computern - Einrichtungen, die je spezifische Auswirkungen auf das Schreiben und Schreibenlernen haben können. Darauf kann ich jetzt im einzelnen nicht mehr eingehen. Außerdem hätten diese Ausführungen für unsere Verhältnisse hierzulande auch noch allzusehr den Charakter von Zukunftsmusik. Ich habe mich auf dasjenige konzentriert, was meines Erachtens bereits heute realisiert werden kann - wenn es denn von den Entscheidungsträgern und den Lehrern und den Eltern befürwortet wird.

7. Vorschlag für die Diskussion

Lassen Sie mich vor Eintritt in die Diskussion noch zwei Bemerkungen machen:

1. Die Vorzüge des Computers als Schreibwerkzeug, die ich erwähnt habe, stellen sich nicht "automatisch" ein. Es wäre ein Mißverständnis, wenn man meint, man brauche nur den Füller gegen den Computer auszutauschen und schon würden die Kinder besser und lieber schreiben lernen als zuvor. Ich habe schreibdidaktische *Potentiale* des Computers skizziert. Ob und wie sie sich tatsächlich auswirken, hängt vom schreibpädagogischen Rahmen ab, in dem der Computer eingesetzt wird und von der pädagogischen Kompetenz und Persönlichkeit der Lehrerin oder des Lehrers. Wenn der Unterricht so angelegt ist, daß die Kinder das Schreiben als fremdgestellte Aufgabe erleben, nützt auch ein Computer nichts. Das Wichtigste ist, daß der Unterricht so angelegt wird, daß die Kinder sich schriftlich ausdrücken wollen und dürfen. Dann *kann* der Computer ein nützliches und einzigartiges Werkzeug sein.

2. Ich habe längst nicht alle Einsatzmöglichkeiten des Computers zum Erwerb und Gebrauch der Schriftsprache erwähnen können. Zum Beispiel bin ich hier nicht auf Simulationsspiele und Textabenteuer eingegangen, bei denen die Kinder schreibend etwas erkunden kön-

nen (etwa eine fremde, ferne Gegend) oder bei denen sie schreibend den Fort- und Ausgang einer Geschichte beeinflussen können.

Mir ging es im Rahmen dieses Symposions darum, *zwei mögliche Funktionen* des Computers im schriftsprachlichen Unterricht herauszustellen:

a) Die Funktion als *Unterrichtsmedium*, die der Computer z.B. erhält, wenn man Kinder ein Lehr- oder Übungsprogramm durcharbeiten läßt.

b) Die Funktion als *Werkzeug der Kinder*, die der Computer z.B. erhält, wenn man die Kinder mit einem Textverarbeitungsprogramm ihre eigenen Texte schreiben läßt.

Mit dieser Gegenüberstellung der beiden Funktionen wollte ich zugleich die Frage anschneiden, welche Vor- und Nachteile es jeweils hat, Teilfertigkeiten isoliert einzuüben oder im Zuge von Textproduktion auszubilden.

Prof. Barbara Kochan
Rauentaler Str. 3
1000 Berlin 28

Renate Hackethal
Computerunterstützter Unterricht mit dem KIELER LESEAUFBAU und dem KIELER RECHTSCHREIBAUFBAU

Seit 16 Jahren arbeiten wir im schulischen und außerschulischen Bereich mit Leselernversagern verschiedener Altersgruppen, auch mit Erwachsenen. Vorausgegangen ist in der Regel eine mindestens 2-jährige Unterrichtung in der Grundschule. So konnten wir Erfahrungen mit Schülern aller Schularten und vor allen Dingen auch mit Erwachsenen sammeln. Dabei stießen wir zunehmend auf eine Gruppe, deren Leseunfähigkeit in der Schule nicht aufgefallen ist. Bis zu diesem Zeitpunkt, zu dem diese Menschen sich entschlossen, Hilfe zu erbitten, hatten sie gelernt, ihre Umwelt so zu täuschen, daß selbst engste Verwandte ihr Unvermögen zu lesen nicht bemerkten.
Um diesem Umstand abzuhelfen, erschien zunächst dreierlei notwendig:

1. Möglichst frühzeitiges Herausfinden des Personenkreises schon in den ersten Grundschuljahren durch einfach zu handhabende Lernzielkontrollen.

2. Ein Leselehrgang, der in kleinsten Schritten vom Leichten zum Schweren fortschreitet. Ebenso auch ein gezielter Rechtschreibkurs.

3. Einsatz von technischen Medien, die durch fortlaufende Übungen individualisiert werden können und die geeignet sind, auch überalterte Leseanfänger neu zu motivieren.

Zu 1.: Herausfinden des Personenkreises, der Hilfe nötig hat
Die DIAGNOSTISCHE BILDERLISTE, Form A bzw. Form B, von Dr. Lisa Dummer-Smoch[1] hilft bei der Feststellung, auf welcher Entwicklungsstufe der Schreiber steht.
Die Durchführung und Auswertung der Lernzielkontrolle beansprucht höchstens eine Schulstunde. Auf diese Weise können die Schüler herausgefunden werden, die Hilfe brauchen. Welcher Art die Hilfe sein muß, ergibt sich dann aus der anschließenden Überprüfung.
In den letzten Jahren kommt dem Bereich der Früherkennung eine besondere Bedeutung zu.
Mit der DIAGNOSTISCHEN BILDERLISTE, Form F, von Dr. Lisa Dummer-Smoch[2] steht heute den Kollegen eine normierte Lernzielkontrolle bereits für den 8. Schulbesuchsmonat zur Verfügung, so daß späte-

---

[1] Dr. Lisa Dummer-Smoch / Renate Hackethal, Handbuch zum KIELER LESEAUFBAU, S. 14-19, Veris Verlag, Kiel.
[2] erhältlich bei: Dr. Lisa Dummer-Smoch, Pädagogische Hochschule Kiel.

stens zu diesem Zeitpunkt geeignete Maßnahmen ergriffen werden können.

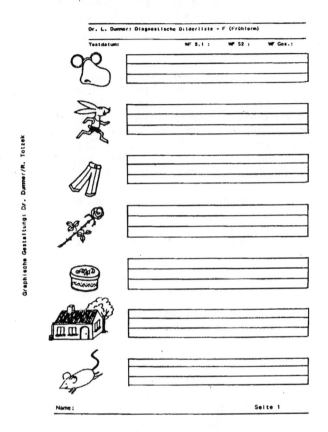

Abb. 1.1: Diagnostische Bilderliste Form F (Frühform)

Zu 2.: Leselehrgang

Der KIELER LESEAUFBAU ist ein gestufter Leselehrgang, der in kleinsten Schritten vom Leichten zum Schweren fortschreitet und ursprünglich für Leselernversager konzipiert wurde. Er ermöglicht es, Leselernversagern in ca. 60 Unterrichtsstunden das sinnentnehmende Lesen von einfach strukturiertem Text zu vermitteln. Oberstes Prinzip ist die Isolierung von Schwierigkeiten.

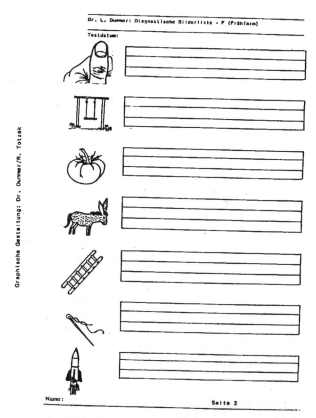

Abb. 1.2: Diagnostische Bilderliste Form F (Frühform)

Das geschieht durch:
- stufenweises Einführen der Buchstaben unter Berücksichtigung der Artikulationsstellen (dehnbare Konsonanten vor Explosivlauten),
- Unterstützung des Leselernprozesses durch spezielle Lautgebärden,
- stufenweises Einführen eines Wortschatzes unter konsequenter Berücksichtigung der Wortstruktur.
- zur Differenzierung verwendbares, motivierendes umfangreiches Übungs- und Spielmaterial sowie Einsatz von technischen Geräten (z.B. Schreibmaschine, Dia-Projektor, Kassetten-Recorder und evtl. Lerncomputer).

Die Beachtung der Wortstruktur ist im KIELER LESEAUFBAU besonders wichtig. Wir gehen zunächst von zweisilbigen Wörtern aus. Erst wenn

diese gut gelesen werden, bieten wir dreisilbige Wörter an. Die einsilbigen Wörter folgen dann.
Bis einschließlich Stufe 11 sind die Vokale im Wort immer lang, nur in den Endungen -e, -en, -er, und -el erscheint das "e" als kurzer Vokal. Die Endsilben -en, -er und -el haben auch eine besondere Lautgebärde.
Wegen der Wichtigkeit der Wortstruktur im KIELER LESEAUFBAU soll die folgende Übersicht unser Anliegen noch einmal verdeutlichen:

Stufe 1-10	Einfach strukturierte Wörter
	KV KVK, RO SEN, MA LER, HA FEN
	KV KV KVK, TO MA TEN, TE LE FON
	KVV KVK, REI SEN, TAU BEN
Stufe 11	Konsonantenhäufungen am Wortanfang
	KKV KVK, FRA GEN, BLU MEN
Stufe 12	Konsonantenhäufungen in der Wortmitte
	KVK KVK, WOL KEN, BIR NEN
	(ohne Dopplung)
Stufe 13-14	dienen der Übung und Vertiefung.
	Sie enthalten Gegenüberstellungen (FROST-FORST) und lange Wörter
	SCHIN KEN, WÜR FEL,
	NE BEL, SCHEIN WER FER

Zu 2.: Gezielter Rechtschreibkurs
Die guten Erfolge mit dem KIELER LESEAUFBAU bei den Leselernversagern haben in uns den Gedanken geweckt, ebenso auch bei einem Rechtschreibaufbau vorzugehen, nämlich unter Beachtung des heilpädagogischen Prinzips "Isolierung von Schwierigkeiten".
Es war nicht schwer herauszufinden, welche Schwierigkeiten die Schüler beim Erwerb der Rechtschreibung haben. Die erste Schwierigkeit in der 2. Klasse besteht nach unserer Erfahrung darin, daß viele Schüler den Unterschied zwischen dem langen und dem kurzen Vokal nicht heraushören können.

Ein Beispiel bietet die Bilderliste von Felix. Er füllte sie Anfang des 2. Halbjahres in der 2. Klasse aus. Felix war regelgerecht eingeschult und versetzt worden.

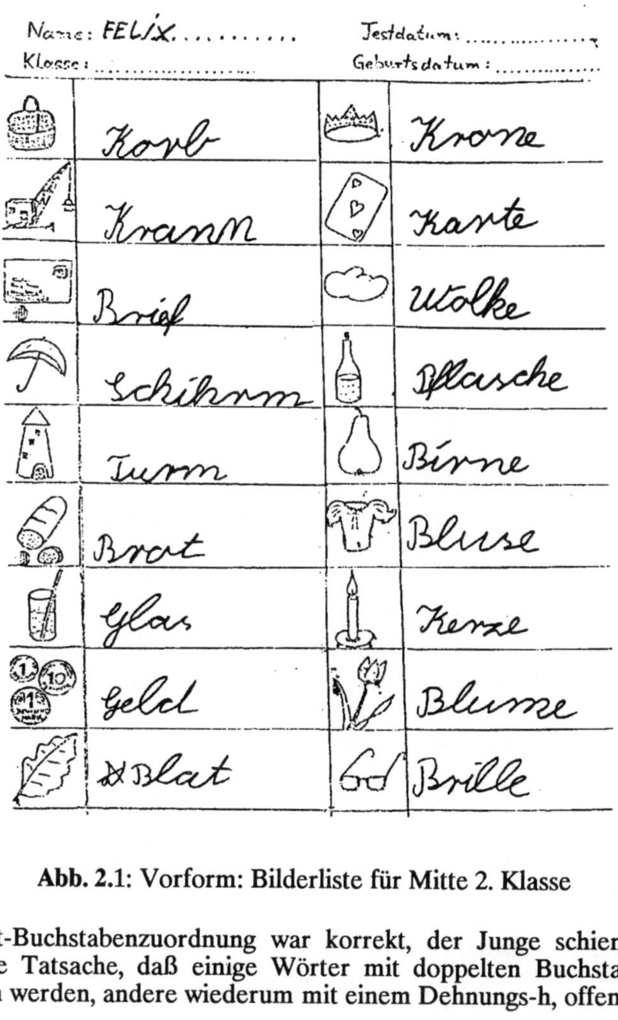

Name: FELIX..........   Testdatum: ....
Klasse: ....   Geburtsdatum: ....

🧺	Korb	👑	Krone
🏗	Krann	🂱	Karte
✉	Brief	☁	Wolke
☂	Schirm	🍾	Pflasche
🏰	Turm	🍐	Birne
🍞	Brot	👕	Bluse
🥤	Glas	🕯	Kerze
💰	Geld	🌷	Blume
🍃	⅍Blat	👓	Brille

Abb. 2.1: Vorform: Bilderliste für Mitte 2. Klasse

Die Laut-Buchstabenzuordnung war korrekt, der Junge schien jedoch durch die Tatsache, daß einige Wörter mit doppelten Buchstaben geschrieben werden, andere wiederum mit einem Dehnungs-h, offensichtlich verwirrt.

Abb. 2.2: Vorform: Bilderliste für Mitte 2. Klasse

Ergebnis dieser Überlegung:

Der Rechtschreibaufbau darf die Schüler nicht verunsichern.
Er muß in kleinen Schritten voranschreiten.
Schwierigkeiten müssen isoliert werden.

Zur Erinnerung:

Für den KIELER LESEAUFBAU waren drei Kriterien von entscheidender Bedeutung:

- Die Reihenfolge der Buchstaben
- die Unterstützung durch Lautgebärden
- die konsequente Einhaltung der Wortstruktur.

Das Konzept des KIELER RECHTSCHREIBAUFBAUS ist eng mit dem KIELER LESEAUFBAU verzahnt. Auch hier werden Schwierigkeitsstufen bestimmt und die Wortstruktur konsequent beachtet. Lautgebärden bieten - solange die Laut-Buchstabenzuordnung noch nicht gesichert ist oder Buchstaben beim Schreiben ausgelassen werden - eine sinnvolle Unterstützung.
Grundsätzlich werden im KIELER RECHTSCHREIBAUFBAU Basisleistungen und Orthographischer Bereich unterschieden.

Unter Basisleistungen verstehen wir:

1. Die Schreibung einfach strukturierter Wörter (KIELER LESE-AUFBAU Stufe 1-9 mit Ausnahme der Buchstaben ß und ä) = <u>Teil 1</u> des Rechtschreibaufbaus.

2. Die Schreibung von Wörtern mit Konsonantenhäufung am Wortanfang (KIELER LESEAUFBAU Stufe 11) = <u>Teil 2</u> des Rechtschreibaufbaus.

3. Die Schreibung von Wörtern mit Konsonantenhäufung in der Wortmitte (KIELER LESEAUFBAU Stufe 12) ohne Dopplung sowie die Schreibung von Auslautverhärtung und Umlautschreibung ohne Dehnung und Dopplung = <u>Teil 3</u> des Rechtschreibaufbaus.

Unter Orthographischer Bereich verstehen wir:
4. Die Schreibung von Wörtern mit Dehnung, Dopplung, S-Lauten, schwierigen Konsonantenverbindungen und Fremdwörter (im KIELER LESEAUFBAU keine besondere Stufe vorgesehen) = <u>Teil 4</u> des Rechtschreibaufbaus.

Der KIELER RECHTSCHREIBAUFBAU enthält:

Eine Sammlung von rund 3.000 Wörtern, die im <u>Basisbereich nach Schwierigkeitsstufen,</u> im <u>orthographischen Bereich nach Rechtschreibproblemen</u> geordnet sind.
Innerhalb dieser Wörtersammlung sind rund 1.500 Wörter als <u>Lernwörter gekennzeichnet,</u> die unserer Meinung nach zu einem rechtschriftlich zu sichernden <u>Übungswortschatz</u> gehören. Da es sich um einen Maximalwortschatz handelt, bleibt es der Lehrkraft überlassen - je nach der Schulart - den Wortschatz zu ergänzen oder ihn zu reduzieren.
Auf diese Weise ist der KIELER RECHTSCHREIBAUFBAU für Schüler <u>aller</u> Schularten geeignet.
Bei der Auswahl der Lernwörter diente uns der von Wolfgang MENZEL im Beiheft 69/1985 zu "Praxis Deutsch" veröffentlichte Rechtschreibübungswortschatz als Vorbild.

Umgang mit dem Wortschatz des KIELER RECHTSCHREIBAUFBAUS
Wenn die ersten 3 Teile des KIELER RECHTSCHREIBAUFBAUS bearbeitet worden sind, ergeben sich vielfältige Möglichkeiten, unter Ausschluß von Wörtern mit Dehnung und Dopplung, ungeübte Texte nach Diktat niederzuschreiben.

Der Vorzug liegt darin, daß der Schüler zunächst nur das aufschreibt, was er hört bzw. ableiten kann. Er braucht sich um ein Dehnungs-h, ein "-ie" oder eine Konsonantenverdopplung nicht zu kümmern.

> *Urlaub*
>
> *Ich reise im Flugzeug von Hamburg nach Frankfurt. In Hamburg war dichter Nebel. Jetzt ist es schön draußen. Wir sind 10000 Meter hoch. Ich habe einen Tomatensaft getrunken. Nun sehe ich aus dem Fenster. Ich sehe Berge, Wälder, Straßen und kleine Häuser. Das ist der Harz. Bald sind wir in Frankfurt. (51)*

Abb. 3: Diktat mit Wörtern aus dem Basisbereich

Erfahrungen von Grundschullehrern aus 4. Klassen, die im Basisbereich ein regelmäßiges Training durchführten, zeigten, daß die Schüler sicherer werden und flüssiger schreiben.

Sobald die Schüler in den ungeübten Diktaten ohne Dehnung, Dopplung und Andersschreibung beweisen, daß sie keine Schwierigkeiten mehr in der Laut-Buchstabenzuordnung haben und die Schreibung von Umlauten und Auslauten beherrschen, wird die Rechtschreibung Teil 4 Stufe für Stufe aufgebaut.

Wir empfehlen, in der 2. Grundschulklasse mit der lauttreuen Schreibung (Wörter aus Teil 1 und Teil 2) zu beginnen. Diese läßt sich erfahrungs-

gemäß am besten festigen; denn Rechtschreiben besteht nicht in der zeichnerischen Wiedergabe eines "Wort-Bildes", sondern in der Rekonstruktion der Buchstabenfolge zu einer Lautfolge.
Sobald die Sicherheit in der Laut-Buchstaben-Zuordnung erreicht ist, werden Wörter aus Teil 3 systematisch geübt.
Mehr als 50% der Lernwörter aus dem KIELER RECHTSCHREIBAUFBAU sind in den Teilen 1, 2 und 3 - also in den Basisleistungen - enthalten, wie die nachfolgende Abbildung zeigt.
Aus dieser Abbildung geht hervor, welche große Bedeutung die Wörter des Teil 3 in der Rechtschreibung haben.
Wörter wie PINSEL, BIRNE, DURST oder PILZ stellen hinsichtlich des Heraushörens des 1. Vokals eine hohe Anforderung an die Kinder, die eine Hörverarbeitungsschwäche haben. Sie müssen das Wortbild immer wieder dargeboten bekommen.
Es erscheint weniger schwierig, die Wörter aus dem Orthographischen Bereich (Teil 4 des KIELER RECHTSCHREIBAUFBAUS) zu lernen, wenn die Basisleistungen (Teil 1-3) sicher beherrscht werden.

Kieler Rechtschreibaufbau
Dr. L. Dummer-Smoch   R. Hackethal

I. Basisleistungen

	K.L.A.	Wörter Sammlung	davon: Lernwörter
Teil 1: Stufe 1.1 - 1.10 (Einfach strukturierte Wörter)	Stufe 1-9	636	268
Teil 2: Stufe 2.1 - 2.8 (Konsonantenhäufung am Wortanfang)	11	463	251
Teil 3: Stufe 3.1 - 3.10 (Konsonantenhäufung in der Wortmitte ohne Dehnung und Dopplung)	12	890	531
Stufe 3.11 - 3.16 (Auslautverhärtung und Umlautschreibung)			
Damit sind die Basisleistungen der Rechtschreibung abgeschlossen.			

II. Orthographischer Bereich

Teil 4: Stufe 4.1 - 4.27 (Dehnung, Dopplung, S-Laute, schwierige Konsonantenverbindungen und Sonderformen sowie häufig falsch geschriebene Wörter)		1354	483
		3242	1533

Abb. 4: Anzahl der Wörter des KIELER RECHTSCHREIBAUFBAUS

Zu 3: Einsatz von technischen Medien

Die Vielfalt der technischen Geräte auch für das Üben der Rechtschreibung zu nutzen, ist seit ca. 8 Jahren von uns erprobt worden.

Zunächst waren es <u>DIA-Projektoren</u>, die das Wortbild oder den Sinnschritt eines Satzes an die Wand projizierten.

Mit den Schülern können die Rechtschreibprobleme besprochen werden, bis das DIA durch eine leere Projektionsfläche abgelöst wird.

Dann schreiben die Schüler das eben Dargebotene aus dem Gedächtnis auf. Bei Unsicherheiten melden sie sich und können dann das DIA noch einmal ansehen. Zum Schluß vergleichen alle ihre Schreibarbeit mit dem DIA, bevor das nächste Bild gezeigt wird.

Hier geht es um das Prinzip :

Der rechtschreibschwache Schüler soll fehlervermeidend üben.

Dann kam die <u>Schreibmaschine</u> hinzu.

Hier ist es vor allem der Vorteil, daß die Wörter beim Aufschreiben bewußter durchgegliedert werden. Ein älterer Schüler schreibt wahrscheinlich das Wort "Kalender" handschriftlich ohne zu überlegen. Sobald er jedoch die Schreibmaschine benutzt, muß er sich über die Buchstabenfolge genau klar sein. Dadurch schreibt er langsamer und durchgliedert das Wort genauer. Dabei beachtet er einen wichtigen Grundsatz.

Der rechtschreibschwache Schüler soll leise mitlautieren, um sich die Buchstabenfolge klar zu machen.

Der Kassettenrecorder ergänzt die Arbeit mit der Schreibmaschine. Auf das Band der Kassette werden Wörter oder der Sinnschritt eines Satzes zweimal deutlich aufgesprochen, dann das Wort "Pause" gesagt. Der Schüler drückt die Pausentaste und schreibt das Wort oder den Sinnschritt dann in die Maschine. Dann löst er die Pausentaste wieder und hört sich das nächste Wort an.

Beim Einsatz dieser technischen Medien ist die Endkontrolle desjenigen, der mit den Schülern übt, jedoch unerläßlich.

Erst der <u>Computer</u> macht den Übenden unabhängiger. Hier übernimmt der Computer den Vergleich mit dem richtigen Wort und gibt eine entsprechende Meldung ab.

Zum KIELER RECHTSCHREIBAUFBAU gibt es inzwischen 4 verschiedene Rechtschreibtrainer für den COMMODORE 64 bzw. 128 und die KAROLUS-Diskette für den mit MS-DOS betriebenen Personalcomputer.

Die Disketten Rechtschreibtrainer 1-3 <u>arbeiten mit dem gesamten Wortschatz des KIELER RECHTSCHREIBAUFBAUS. Der Lernwortschatz kann gesondert aufgerufen werden.</u>

Ein Unterschied besteht nur in den jeweils auf jeder Diskette befindlichen 3 Übungsprogrammen. Beim Erwerb der Disketten braucht wegen des Wortschatzes keine Reihenfolge eingehalten zu werden.
Der Rechtschreibtrainer 4 verfolgt ein anderes Ziel - nämlich das Bilden von Wortpaaren, z.B. Singular : der Atlas - Plural?
Auf der Diskette sind eine Reihe von verschiedenen Wortpaaren. Speziell für die Schüler können Dateien eingegeben und gesichert werden, so daß spezielle Übungen möglich sind (auch z.B. die Eingabe von Vokabeln !)
Der Einsatz von Computern soll unterstützend erfolgen und darf natürlich nicht den Eindruck erwecken, daß der Lehrer überflüssig wird.
Der Lehrer entscheidet, auf welcher Schwierigkeitsstufe der Schüler arbeitet und zieht Konsequenzen aus den Fehlern der Schüler - er gibt eine leichtere Übungsstufe ein und verarbeitet die Fehlerprobleme in seinem Rechtschreibunterricht.
Die Rückmeldung durch den Computer erfolgt stets gleichbleibend mit den Worten "richtig" oder "leider falsch". Bei Falschlösungen wird dem Schüler das Wort noch einmal richtig dargeboten, so daß er sich korrigieren kann. Der Computer ist geduldig in seiner Beurteilung und wertneutral.
Am Schluß der Übungsphase, die 15 Minuten nicht übersteigen sollte, können sich Lehrer und Schüler gemeinsam über den Erfolg freuen, weil dadurch, daß einmal eine richtige Antwort gegeben werden muß, zum Schluß die Zahl der richtigen Lösungen überwiegt.
Die Auswahl der Programme, mit denen der Schüler üben möchte, kann ihm in der Regel überlassen werden, da der Lehrer die Wörterdatei einliest, mit der gearbeitet werden soll.
Aus den Erfahrungen in den Intensivmaßnahmen, - die Schüler werden für 8-10 Wochen von ihren Stammschulen beurlaubt, um an einem Intensivkurs zum Erlernen des Lesens teilzunehmen. Sie erhalten den gesamten Unterricht in der Schule, in der die Intensivmaßnahme stattfindet. Dabei haben sie täglich mindestens 2 Stunden Deutsch und werden nach dem KIELER LESEAUFBAU unterrichtet - möchte ich nun die Vorzüge auflisten, die ich bei der Arbeit der Schüler mit dem Computer beobachten konnte. Dabei beziehen sich die Angaben über methodische Probleme auf den Kieler Lesetrainer und den Kieler Rechtschreibtrainer :

- Die Schüler haben keine graphomotorischen Probleme (das Erinnern der Schriftform ist oft eine Schwierigkeit, die zunächst zweitrangig sein kann, wenn der Schüler im Leselernprozeß steht).
- Die Schüler finden die Buchstaben stets am gleichen Ort und prägen sie sich dadurch besser ein.
- Die Schüler müssen beim Aufbau eines Wortes die genaue Reihenfolge beachten. Sie arbeiten langsamer und genauer als im Heft.
- Wer mit der Tastatur des Computers umgehen kann, hat später kaum Schwierigkeiten, eine Schreibmaschine zu benutzen.

- Jeder Schüler erhält eine unmittelbare, wertneutrale Rückmeldung. In der Regel muß der Schüler das ganze Wort einmal richtig in den Computer eingeben, weil er sonst im Programm nicht weiterkommt.
- Bemerkt der Schüler einen Fehler, so kann er das ganze Wort löschen und neu schreiben. Das Wort muß stets von vorn wieder aufgebaut werden, damit es einmal in voller Länge richtig geschrieben wird.

(Aus den Beobachtungen der Schüler geht hervor, daß die Schüler auf diese Weise besonders sorgfältig arbeiten, weil sie das Löschen des ganzen Wortes als lästig empfinden.)

- Jeder Schüler erhält unmittelbar nach dem Aufschreiben eine wertneutrale Rückmeldung. Aus eigener Erfahrung ist bekannt, daß selbst beim größten Wohlwollen, die Stimme in der Betonung durchaus variieren kann.

(Wir haben Schüler gesehen, die sich bei einer "Fehlermeldung" verstohlen umdrehen, um zu sehen, ob auch niemand den Fehler bemerkt hat.)

- Unmutsäußerungen, wie "Ich hau dir gleich die Birne ein !" nimmt der Computer nicht übel, sie entlasten aber vielleicht den Schüler.
- Jeder Schüler einer Fördergruppe kann mit dem gleichen Programm wie alle anderen arbeiten, nur auf der Stufe, die für ihn geeignet ist. Dadurch ist eine echte Differenzierung möglich.
- Der Lehrer braucht bei der Arbeit mit dem Computer nicht zugegen sein. Er kann während dieser Zeit ganz individuell mit einem anderen Schüler üben.
Er tritt dann auf, wenn die Aufgabe erledigt ist und kann sich so mit dem Schüler gemeinsam über die geleistete Arbeit freuen.
Er kann aber auch - u.U. ohne daß es der Schüler merkt - die Fehler aufrufen und Konsequenzen für seine künftige Förderarbeit ziehen.
- Für jeden Schüler können spezielle Dateien zusammengestellt und u.U. auf einer gesonderten (formatierten!) Diskette gespeichert werden. So übt vor allem der ältere Schüler die Wörter, die für ihn noch schwierig sind.

Literaturverzeichnis

Barmwoldt, M.: Kieler Lesetrainer 1, 2, 3 und 4 je 1 Diskette mit Handbuch zum KIELER LESEAUFBAU für Commodore 64/128

Barmwoldt, M.: Kieler Rechtschreibtrainer 1, 2, 3 und 4 für 1 Diskette mit Handbuch zum KIELER RECHTSCHREIBAUFBAU für Commodore 64/128

Dummer-Smoch, L., Hackethal, R.: Handbuch zum KIELER LESEAUFBAU Veris 1984, 1988 (2. Aufl.)

Dummer-Smoch, L., Hackethal, R.: KIELER LESEAUFBAU - Kopievorlagen (hier: Diktate mit Wörtern ohne Dehnung, Dopplung und orthographische Sonderformen) Veris, Kiel 1984, 1988 (2. Aufl.)

Dummer-Smoch, L.,Hackethal, R.: KIELER RECHTSCHREIB-AUFBAU Veris, Kiel 1987

Hackethal, R.: Praxis zum KIELER LESEAUFBAU und zum KIELER RECHTSCHREIBAUFBAU Veris, Kiel 1990

Hackethal, R.: Computer als Lese- und Schreiblernhilfen bei Leselernversagern; in: Hameyer, U., u.a. (Hg.), Computer an Sonderschulen - Einsatz neuer Informationstechnologien, Beltz, Weinheim 1987, S. 109-116

Hameyer, U., u.a. (Hg.): Informationsreihe COMPASS (Heft 1, 2, 3 und 4) Computer an Sonderschulen und sozialpädagogischen Berufsbildungsstätten (Schleswig-Holstein) Institut für Pädagogik der Naturwissenschaft IPN, Kiel, 1987 und 1988

Menzel, W.: Rechtschreibunterricht - Beiheft zu PRAXIS DEUTSCH 69/1985 Friedrich, Seelze 1985

Renate Hackethal
Sonderschulkonrektorin
Brunswiker Str. 35
2300 Kiel 1

Franz Biglmaier
Rechtschreibtraining mit dem PC mit Hilfe des Diagnose- und Förderprogramms "Richtig lesen, richtig schreiben im Grundwortschatz"

Diagnose und Förderung
Jahrzehntelange Erfahrung mit lese- und rechtschreibschwachen Kindern, Jugendlichen und Erwachsenen haben deutlich gezeigt, daß eine wirkungsvolle Förderung nur auf der Grundlage einer differenzierten und abgesicherten Diagnose erfolgen kann. Diagnose und Förderung, in schweren Fällen auch Behandlung und Therapie, bedingen sich wechselseitig. Eine Anfangsdiagnose soll den quantitativen und qualitativen Aspekt der sprachlichen Leistung objektiv darstellen. Diese Daten ermöglichen eine gezielte Behandlung auf genau umgrenzten und spezifischen Gebieten, die bei einem bestimmten Individuum besonders auffällig sind. Laufend wiederholte Kontrolle und Zwischentests spezifizieren und bestimmen den Behandlungsverlauf näher. Sind dann die Hauptschwierigkeiten überwunden, dann zeigt die Abschlußdiagnose den Fortschritt auf dem jeweiligen Teilgebiet an. Der neue Leistungsstand kann dokumentiert werden. Er zeigt den Erfolg einer Behandlung. Diagnose und Behandlung sind auf solche Weise polar aufeinander bezogen und ergänzen sich bei jedem Schritt.
Diese ideale Form der Beziehung zwischen Diagnose und Behandlung ist bisher nur in speziellen Einrichtungen wie Lesekliniken und professionell durchgeführten Diagnose- und Behandlungszentren erprobt worden. In Schulen oder bei der elterlichen Hilfe eines Nachhilfe- oder Förderunterrichts sind die Gesichtspunkte bisher kaum oder nicht berücksichtigt worden.
Hier könnte ein Wandel erfolgen und zwar mit Hilfe eines Computers, der mit einem Diagnose- und Förderprogramm den jeweiligen Leistungsstand feststellt und dem Schüler diejenigen Programmteile zuweist, die er aufgrund der Testergebnisse zur Verbesserung seines Leistungsstandes braucht. Ein Computer kann für den Diagnostiker sehr zeitaufwendige Testverfahren durchführen und die Ergebnisse in wesentlich schnellerer Zeit zuverlässig und sicher erfassen. Außerdem kann er für den betroffenen Schüler die Ergebnisse verständlich darstellen und ihm in Sekundenschnelle die notwendigen Übungen bereitstellen und anbieten. Wie das im einzelnen erfolgt und welche theoretischen Grundlagen und Modelle zum Verständnis des Computerprogramms notwendig sind, soll im folgenden näher ausgeführt werden.

Theoretische Grundlagen und Modelle
Lesen und Schreiben sind schriftsprachliche Komponenten des allgemeinen Sprachvollzuges. Lesen und Schreiben erlernt ein Kind normalerweise

ab sechs Jahren in der Schule. Daß dies nicht nur eine Angelegenheit der ersten Grundschulklasse ist, das hat bereits Goethe in einem Gespräch mit Eckermann deutlich herausgestellt: "Die guten Leutchen wissen gar nicht, was Lesen bedeutet. Ich habe ein ganzes Leben dazu gebraucht und bin jetzt noch nicht am Ende." (Genaues Zitat siehe Biglmaier, Lesestörungen..., Anfangsseite.)
Man spricht heute vielfach vom lebenslangen Lernen. Richtig lesen und schreiben zu lernen ist eine lebenslange Aufgabe, vor allem, wenn man an die Weiter- und Höherentwicklung der sprachlichen Fähigkeiten denkt.
Das junge Kind hört Sprache als gesprochene Sprache zuerst, ehe es selbst zu sprechen beginnt. Die mündliche Sprache entwickelt sich vom ersten bis zum fünften Lebensjahr, die Schriftsprache (Lesen und Schreiben) wird in der Schule erlernt. Hören und Sprechen, Lesen und Schreiben sind die vier sprachlichen Grundfertigkeiten. Die Beziehungen zueinander lassen sich im Sprachmodell verdeutlichen.

Sprachmodell

mündliche Sprache	H ö r e n	S p r e c h e n
Schriftsprache	L e s e n	S c h r e i b e n
	Eindruck	Ausdruck
	Input	Output
	Aufnahme	Wiedergabe
	Wahrnehmung	Handlung
	Perzeption	Motorik
	Empfänger	Sender

Innerhalb des Schreibens werden in der Schule drei Gebiete unterschieden:

1. das Schreibenlernen im Anfangsunterricht und später die Verbesserung der Handschrift (Schönschrift/Buchstabenebene)

2. das Rechtschreiben, die Orthographie, auf der Wortebene und

3. der schriftliche Ausdruck, auch Aufsatz genannt, auf der Satz- und Textebene.

Von der Sprachentwicklung und der Logik geht eindeutig hervor:
Mündliche Sprache entwickelt sich vor der Schriftsprache, Eindruck kommt vor dem Ausdruck. Daher folgt: Hören vor dem Sprechen, Lesen vor dem Schreiben! In der Praxis wird dies aber vielfach nicht beachtet. So finden wir im deutschen Sprachraum eine viel stärkere Beachtung des Rechtschreibens, während das Lesen eine untergeordnete Rolle spielt.
Lesen ist aber die Voraussetzung für richtiges Schreiben. Erst muß der Schüler lernen, wie die einzelnen Wörter geschrieben werden, wie sie gesprochen und in Silben gegliedert werden können, welche Buchstaben für

bestimmte Laute stehen, welche Anfangsbuchstaben groß geschrieben werden müssen usw. Dies umfaßt alle sprachlichen Grundfertigkeiten, das Hören, Sprechen, Lesen und Schreiben. Auch für die Verbesserung der Rechtschreibung müssen alle Grundfertigkeiten in entsprechender Weise eingesetzt werden.
Welche Aspekte können bei den einzelnen Grundfertigkeiten unterschieden werden? Wenn wir Schulbücher und Lehrpläne anschauen, dann stellen wir fest, daß sehr unterschiedliche Bezeichnungen vorherrschen. Wir befinden uns hier in einem ähnlichen Zustand wie auf wirtschaftlichem Gebiet vor über 150 Jahren, wo jeder Landesfürst die Elle nach seinem Arm und die Bezahlung in seiner Währung forderte. Es wäre an der Zeit, daß wir gerade auf dem sprachlichen Gebiet und im schulischen Bereich zu einer einheitlichen Festlegung der Grundbegriffe kämen.
Ausgehend von der bereits in der Antike vorgenommenen Dreigliederung in Körper - Seele - Geist schlage ich für den sprachlichen Bereich folgende Kriterien vor:

Bereich:	**Kriterien:**	
psychomotorisch	Sicherheit	Geschwindigkeit
kognitiv	Flüssigkeit	Verständnis
emotional	Motivation	Interesse

Mit Sicherheit oder Richtigkeit oder Genauigkeit bezeichne ich den prozentualen Anteil der richtigen Lösungen. So besagt z.B. eine Lesesicherheit von 80%, daß 80 von 100 oder 4 von 5 Wörtern richtig gelesen wurden. Negativ ausgedrückt: Ein Wort unter fünf Wörtern ist falsch gelesen worden. Wir bevorzugen aber den positiven Ausdruck. Wenn wir einem Schüler mitteilen: "Du hast 38 von 50 Wörtern richtig geschrieben!", bedeutet das für ihn eine Anerkennung seiner tatsächliche Leistung, wogegen "Schon wieder 12 Fehler!" einen Vorwurf darstellt. Die zweite Aussage beinhaltet außerdem keinen Bezugspunkt (12 von 30 oder 50 oder 80 Wörtern), sodaß nur der Hinweis auf das Leistungsversagen im Vordergrund steht.
Das Kriterium bei allen vier sprachlichen Grundfertigkeiten ist gegenüber den anderen Kriterien grundlegend. Die mit der Sicherheit verbundenen Fähigkeiten und Fertigkeiten sind vor allen anderen zu entwickeln. Ohne Lesesicherheit keine Steigerung der Lesegeschwindigkeit oder des Leseverständnisses. Hör-, Sprech- und Lesesicherheit sind auch Voraussetzung für die Rechtschreibsicherheit. Daher sind in unseren Rechtschreibprogrammen Aufgaben vorhanden, die das gehörte Wort in Silben und Laute aufgliedern (Hörsicherheit), die Silben im Wort und die einzelne Lautdauer zu unterscheiden verlangen (Sprech- und Hörsicherheit) und die den Unterschied zwischen gesprochener und geschriebener Sprache feststellen lassen (Lesesicherheit).
Erst wenn eine Sicherheit auf allen sprachlichen Gebieten erreicht ist, sollte mit der Förderung der Geschwindigkeit begonnen werden. Dennoch

ist es verfehlt, den Ablaufprozeß (=Geschwindigkeit) beim Lesen oder Schreiben (Handschrift) außer acht zu lassen und alle methodischen Maßnahmen auf die Genauigkeit zu konzentrieren. In einer Berliner Anfangsklasse konnte ich bei einzelnen Schülern als Lesezeit für ein dreisilbiges Wort jeweils über 40 Sekunden feststellen. Die Schüler haben nach mehrfachen Versuchen selbständig (ohne Hilfe und Hinweis von außen) das Wort erlesen. Es war der Stolz der Lehrerin, daß alle ihre Schüler diese Durchhaltefähigkeit - die naturgemäß mit viel Frustration verbunden ist - entwickelt hatten. Diese Lehrerin hat den Sachverhalt der "psychischen Präsenzzeit" (seelische Gegenwartsdauer) nicht gekannt, innerhalb der ein Gegenstand, ein sprachlicher Teil erkannt sein soll. Diese psychische Präsenzzeit dauert etwa 4 - 7 Sekunden. Sie ist hier 6 - 10 mal überschritten worden. Die Schüler mußten immer wieder von vorne anfangen, bis sie das Wort erlesen hatten. Methodisch besser ist die Vorgabe des Wortes, das Aufgliedern in Teilwörter und Silben (Analyse), das Zusammenziehen der Teilglieder (Synthese) und der Sinnzusammenhang in Satz und Kontext (Leseverständnis). Diese Hilfen im komplexen Ablauf brauchen viel weniger Zeit, erleichtern den Lese- und Verstehensprozeß und erhöhen die Lesegeschwindigkeit beträchtlich. Statt 1,3 Wörter/Minute wie im angegebenen Fall, sollte ein Schüler der ersten Klasse 30 Wörter/Minute lesen können. Die Lesezeit pro Wort beträgt also zwei Sekunden.

Die Schreibzeiten in Anfänger- wie auch in höheren Klassen differieren beträchtlich: im allgemeinen im Verhältnis 1 : 3, im Extremfall bis zu 1 : 7 oder gar 1 : 10. Der beste Schüler schreibt also dreimal bzw. zehnmal soviel wie der langsamste Schreiber. Das Schreiben bezieht sich auf die Handschrift, nicht auf die Rechtschrift. Wir unterscheiden daher Schreibsicherheit als den Prozentsatz der richtig und eindeutig lesbar geschriebenen Buchstaben gegenüber der Rechtschreibsicherheit als den Prozentsatz der orthographisch (laut Wörterbuch, Duden) richtig geschriebenen Wörter. Schreibgeschwindigkeit bezeichnet den Sachverhalt der in einer Minute niedergeschriebenen Silben (Silben/Minute), während bei der Lesegeschwindigkeit die pro Minute gelesenen Wörter (Wörter/Minute) zugrunde gelegt werden. Das feinere Maß der Silben ist beim Schreiben wichtig, da auch mehrsilbige Wörter in einfachen Texten auftauchen können, was sich beim Schreiben viel stärker auswirkt als beim Lesen. Eine Rechtschreibgeschwindigkeit gibt es nicht, sie ist in der Schreibgeschwindigkeit enthalten.

Das Kriterium der Sicherheit stellt die Grundlage und die Voraussetzung für weitere Kriterien dar. Die Geschwindigkeit ist der eigentliche Leistungsfaktor. Mehrere Schüler der gleichen Klasse haben in der Sicherheit 100% erreicht, dennoch ist ihre Leseleistung unterschiedlich und zwar entsprechend ihrer unterschiedlichen Lesegeschwindigkeit.

Ein weiteres Kriterium ist die Flüssigkeit. Sie ist in der Schreibschrift am Grad des zusammenhängenden Schreibens zu erkennen. Das verbundene Schreiben steigert die Schreibgeschwindigkeit, jedes Absetzen verzögert sie.

Leseflüssigkeit kann als Prozentsatz der zusammenhängend vorgelesenen Satzteile (Sinnschritte, Phrasen, Wortgruppen) definiert werden und ist damit zahlenmäßig erfaßbar. Für Leseanfänger und Legastheniker (wortwörtlich: schwache Leser) sollten bestimmte Hilfen gegeben werden: umfangreiche Sätze sind in Satzteile zu gliedern, sie sollten abgegrenzt oder untereinander geschrieben werden. So dargeboten ist die Leseflüssigkeit dem psychomotorischen Bereich zuzuordnen. Liest dagegen ein Schüler ohne diese Hilfen richtig gegliedert durch kurze Pausen, Betonung und entsprechender Satzmelodie sinngemäß vor, dann hat er selbständig den Sinn erfaßt, also Leseverständnis gezeigt. Hier ist die Leseflüssigkeit dem kognitiven Bereich zuzuordnen.

Das Verständnis läßt sich quantitativ ermitteln und ausdrücken als Prozentsatz richtig beantworteter Fragen oder gelöster Probleme. Qualitativ können Fragen hierarchisch aufsteigend entsprechend einer Taxonomie (z.b. der Bloomschen Taxonomie im kognitiven Bereich) gestellt werden. Hör- und Leseverständnis bezieht sich auf die Beantwortung mündlich bzw. schriftlich gestellter Fragen, Sprech- und Schreibverständnis auf die verständliche Umsetzung eigener Gedanken in die Sprache des Hörenden bzw. des Adressaten. Verständnis bei sich selbst bzw. beim anderen zu erreichen, ist das Ziel aller sprachlichen Kommunikation, sei sie mündlich, schriftlich oder durch andere Zeichen dargeboten.

Die Kriterien Sicherheit, Geschwindigkeit und Flüssigkeit und Verständnis bilden den Kern des Sprachunterrichts. Lernziele und Übungen, die auf Geschwindigkeit und Flüssigkeit gerichtet sind, werden in unseren Schulen kaum angestrebt und durchgeführt. Sie sind daher verstärkt anzugehen.

Sicherheit und Geschwindigkeit gehören zum psychomotorischen Bereich. Er ist durch Genauigkeit und zügiges Tempo gekennzeichnet. Hier geht es um Wahrnehmung (Perzeption) und sprech- und schreibmotorische Vollzüge (Psychomotorik), die automatisiert werden sollen.

Flüssigkeit und Verständnis sind Kriterien des kognitiven Bereichs. Die aufgenommenen Eindrücke werden kognitiv verarbeitet, d.h. die Bedeutung eines Wortes, eines Textes, die Verstärkung oder Abmilderung eines Ausdrucks werden erkannt. Hier geht es um Unterscheiden, Denken, Interpretieren. Das sind geistige Prozesse und daher abhängig von der bisher entwickelten Intelligenz.

Während die psychomotorischen und kognitiven Prozesse für den Augenblick des Vollzuges eingesetzt werden, sind die emotionalen Prozesse längerfristig. Sie entwickeln sich als Erwartung und Einstellung über längere Zeit, auch über Jahre hinweg und aktualisieren sich allgemein als Freude oder spezifisch als Identifikation mit dem Helden einer Geschichte. In der Dauer der Zuwendung zu einem sprachlichen Gebiet drückt sich die Motivation aus. So kann der Umfang des freiwillig gelesenen z.B. innerhalb einer Woche als Hinweis auf die zugrunde liegende Lesemotivation dienen. Die bevorzugten Inhalte, seien es Märchen, Erzählungen, Sport, Tiere, Abenteuer, Liebesromane usw. deuten auf die

spezifischen Interessen hin. Motivation und Interesse sind durch Beobachtung und Befragung zu erfassen und zu belegen.
Diese sprachtheoretischen und -didaktischen Grundlagen und Hinweise lassen sich wie folgt zusammenfassen und erweitern:

Bereiche:	Sprachkrit.:	Messung:	Leseziele: 1. 2. 4. Klasse
psychomot.	Sicherheit	% Wörter r.	80 95 95 ....
	Geschwindigk.	Wörter/Min	30 60 120+....
kognitiv	Flüssigkeit	% W.zus.hgd.	60 80 80
	Verständnis	% Fr.richtig	60 80 80
emotional	Motivation	Seiten/Woche	20 50 100

Kriterienkatalog aller sprachlichen Grundfertigkeiten

	Kriterien					
	Sicherh.	Geschw.	Flüssigk.	Verständ.	Motivat.	Inter.
Hören	HS	HG	HF	HV	HM	HI
Sprechen	SpS	SpG	Spf	Spv	SpM	SpI
Lesen	LS	LG	LF	LV	LM	LI
Schreiben	SS	SG	SF	SV	SM	SI
Rechtschr.	RS	--	--	RV	RM	RI
Aufsatz	Aus	--	--	AuV	AuM	AuI
Bereich	psychomotorisch			kognitiv		emotional

Theoretisch lassen sich über 30 einzelne Kriterien unterscheiden.
Für das Verständnis des Diagnose- und Förderprogramms ist die Differenzierung des Faktors Sicherheit notwendig. Bei schwachen Lesern und Rechtschreibern wenden wir die Fehleranalyse an. Es gibt zwei verschiedene Gruppen von Fehleranalysen: die eine beschreibt die Abweichung vom geforderten Wort, die andere interpretiert den Fehler nach psychologischen Funktionen, wie Merkfähigkeit, Regelerkennen usw. Dieser zweite Weg, die Deutung nach funktionstypologischen Gesichtspunkten ist zwar sehr einladend, wissenschaftlich aber nicht belegbar. Die Entstehung oder Verursachung eines Fehlers kann sehr verschiedener Natur und sogar beim gleichen Fehler und gleichen Kind zu verschiedener Zeit unterschiedlich bedingt sein. Es ist daher nicht möglich, alle Fehler auf diese funktionstypologische Art von vorneherein festzulegen.
Seit 1954 habe ich Lesefehler nach der beschreibenden Art (deskriptive Fehleranalyse) kategorisiert und neuerdings auch Rechtschreibfehler in das gleiche System mit einbezogen. Die Abweichung eines gelesenen oder geschriebenen Wortes kann

- quantitativ, also mengenmäßig sein, es sind zu wenig Laute bzw. Buchstaben (=Auslassungen) oder zuviele (=Hinzufügungen) gelesen bzw. geschrieben worden,
- qualitativ sein, die Art des Buchstabens ist nur teilweise oder nicht erfaßt worden, sei es bei einem Mitlaut (Konsonantenfehler) oder bei Selbstlaut (Vokalfehler),
- sequentiell sein, die Reihenfolge der Laute/Buchstaben ist vertauscht worden oder ein Buchstabe wurde verdreht (Umstellungsfehler).

Beim Rechtschreiben sind darüberhinaus noch

- Anfangsbuchstabenfehler (Groß- bzw. Kleinschreibungsfehler),
- Wortgliederungsfehler (Getrennt-, Zusammenschreibung, Trennungsfehler),
- Satzzeichenfehler (Auslassung, Hinzufügen oder Ersetzung von Satzzeichen)

zu unterscheiden.
Mengen-, Güte- und Anfangsbuchstabenfehler sind die häufigsten Fehlergruppen. Für die dazugehörigen Fehlerarten haben wir das Diagnose- und Förderprogramm aufgebaut.

Das Diagnoseprogramm

Wie erkennt der Computer bei einem Test die verschiedenen Fehlerarten, die ein Schüler macht? Wie verrechnet er die Daten, damit die Ergebnisse für das Förderprogramm zur Verfügung stehen?
Im Diagnoseprogamm wählt der Schüler eine der beiden Diktatformen aus: entweder läßt er sich auf herkömmliche Art von jemandem die zu schreibenden Wörter diktieren oder der Computer gibt einen Satz auf dem Bildschirm aus, der Schüler liest ihn laut vor, drückt die Eingabetaste, ein Wort aus dem Satz verschwindet, der Schüler schreibt das Wort, drückt wieder die Eingabetaste, der Computer kontrolliert.
Bei jedem falschen Wort kontrolliert der Computer die Fehlerart, speichert sie und verrechnet am Ende der 40 Testwörter die Daten zu einem Lernbericht für den Schüler:

Dein Lernbericht (Tabelle siehe s.12 des Begleitbuches "Richtig lesen...")
Aus diesen Angaben kann der Diagnostiker die Rechtschreibsicherheit (RS) errechnen:

$$RS = 32/40 = 4/5 = 80\%$$

Aus der Summe aller Einzelfehler (15) und der gemachten Wortfehler (40 - 32 = 8) ergibt sich der Fehlerquotient (FQ):

FQ = 15/8 = 1,875 = aufgerundet 1,9

Quantitativ betrachtet zeigt dieses Ergebnis einen mittelschweren Rechtschreibfall mit meist mehreren Fehlern bei einem Fehlerwort.

Qualitativ gesehen sind die Mengenfehler (8 von 15) mit Auslassungen (Dehnungen, 5) am häufigsten vertreten. Die zweithäufigste Fehlerart sind die Gütefehler (Konsonanten- und Vokalfehler) ohne besondere Ausprägungen.

Ausgehend von diesem diagnostischen Ergebnis wählt der Computer das Förderprogramm "Nicht zuviel und nicht zu wenig" für den Schüler aus und fordert ihn auf, die entsprechende Diskette in das Laufwerk zu stecken.

Für die Diagnostik stehen insgesamt fünf Paralleltests mit gleichem Schwierigkeitsgrad zur Verfügung, ein Vortest als Vergleichstest für die vier Nachtests, die zu verschiedenen Zeiten durchgeführt werden können.

Das integrierte Förderprogramm

Im Diagnoseprogramm gibt der Computer dem Schüler erst nach Eingabe aller 40 Wörter das Ergebnis in Form des Lernberichtes bekannt. Im Förderprogramm dagegen reagiert der Computer auf jede vollständige Eingabe zu einer Aufgabe entweder mit einem Kommentar bis zu vier Zeilen oder mit Auslöschen des fehlerhaft Eingegebenen oder indem er durch Blinken zu erkennen gibt, daß diese Aufgabe noch zu bearbeiten ist. Die Bearbeitungszeit ist in den meisten Fällen dem Schüler freigestellt, er kann also viel oder wenig Zeit brauchen. Die unmittelbare Bestätigung oder Korrektur der Schülerantwort ist nach den Erkenntnissen der neueren Lernpsychologie das wichtigste Mittel für erfolgreiches Lernen. Dies kann der Computer an jeder Stelle des Förderprogrammes vermitteln, bei jeder Reaktion des Schülers und zwar in Sekundenschnelle. Viele positive Aufgabenlösungen - Fehler werden sofort korrigiert - bauen Schritt für Schritt die Lernfähigkeit und die Rechtschreibfähigkeit auf.

Der Computer ist durch sein Programm dialogfähig. Er reagiert auf verschiedene Weise, er stellt Aufgaben, gibt Lösungshinweise, akzeptiert eine Schülerantwort oder weist sie zurück, je nach den Antwortmöglichkeiten, die im Programm erlaubt werden. Oft gewinnen Schüler (und auch Erwachsene) dadurch den Eindruck, als wäre der Computer ein lebendiges Wesen. Es sind aber lediglich die im Programm angebotenen Aufgaben und deren abgestufte Reaktionsmöglichkeiten, die diesen Eindruck vermitteln.

Dadurch, daß in diesem integrierten Diagnose- und Förderprogramm vom jeweils diagnostizierten Leistungsstand des Schülers ausgegangen wird und ihm das entsprechende Teilprogramm zur Bearbeitung zugewiesen wird und daß bei jeder einzelnen Aufgabenstellung aufgrund des unterschiedlichen Schülerverhaltens unterschiedliche Reaktionen erfolgen, sind die Bearbeitungsmuster des Förderprogramms sehr vielseitig. Die Merkmale der ersten Computerprogramme für

Rechtschreiben mit ihrem einseitigen Drillcharakter sind durch diese differenzierten Aufgabenstellungen, die auf jede Fehlerart auf spezifische Weise reagieren, überwunden worden.

Erfolgskontrolle

Eine Gruppe von 29 Schülern im Alter von 9 bis 15 Jahren erhielt Gelegenheit, mit dem Förderprogramm zu arbeiten. Aufgrund des Vortestes wurden zwei Gruppen gebildet, eine bessere Gruppe mit einer Rechtschreibsicherheit von 80 - 100% (18 Schüler) und eine schwächere Gruppe mit einer Rechtschreibsicherheit von 40 - 70% (11 Schüler).
Die schwächere Gruppe wies nach Durcharbeiten des Förderprogramms die größte Leistungssteigerung auf (von 10 - maximal 52% Verbesserung).
Das integrierte Diagnose- und Rechtschreibeprogramm "Richtig lesen, richtig schreiben im Grundwortschatz" konnte in dieser ersten Untersuchung seine Wirksamkeit - und hier besonders bei den schwächeren Schülern - beweisen.

Prof. Dr. Franz Biglmaier
Horst-Caspar-Steig 29
1000 Berlin 47

# H.H. Ellermann & G.W.G. Spaai
Schulungs-Software für Leseanfänger[1]

Zusammenfassung

Damit ein Computer als elektronisches Hilfsmittel für Leseanfänger zum Lesenlernen dienen kann, müssen drei Bedingungen erfüllt sein. Zunächst muß der Schüler selbständig mit dem System arbeiten können, d.h. die Übungen müssen so vorbereitet sein, daß sie soweit wie möglich ohne Unterstützung einer Lehrkraft durchgeführt werden können. Zweitens müssen Anweisungen und Kommentare in gesprochener Form zur Verfügung stehen, da dem Leseanfänger die Identifizierung von geschriebenen und gedruckten Meldungen meistens schwerfällt. Drittens muß der Schüler bei der Arbeit mit dem Computer-System direkt angesprochen werden, damit er aktiv mit dem Lehrmaterial arbeitet. Am Instituut voor Perceptie Onderzoek (IPO) wurde ein System (das sog. LEESBORD) fertiggestellt, das diesen Bedingungen entspricht. Es sind verschiedene Programme zum Üben des Zusammenhangs von Sprachlaut und Buchstabe, zum Lesen von einzelnen Wörtern und zum Lesen einzelner Sätze und Texte entwickelt worden; sie werden im folgenden beschrieben. Für die Entwicklung der Programme ist jedoch eine detaillierte Spezifikation des zu implementierenden Lernumfeldes erforderlich. Umfassende Informationen hierüber fehlen jedoch und müssen noch herausgefunden und untersucht werden. Einige Bespiele dieser Forschungsarbeit werden im folgenden besprochen.

1. Einleitung

Der Einsatz von Computern im Grundschulunterricht scheint allmählich in den Niederlanden zuzunehmen. Zur Zeit steht bei vielen Schulen mindestens ein Computer zur Verfügung. Trotz der zunehmenden Verwendung des Computers im Unterricht ist noch relativ wenig über die Einsatzmöglichkeiten des Computers als Lehrmittel bekannt. Für verschiedene Wissens- und Ausbildungsgebiete wie Rechnen, Lesen, Welt- und Umweltkunde sowie Sprachen wurde bereits Schulungs-Software entwickelt. In diesem Artikel wird die Verwendung von Computern im Unterricht von Leseanfängern näher besprochen.
Als Möglichkeiten, die der Computer über den herkömmlichen Leseunterricht hinaus bietet, werden vor allem genannt: Die individuelle Bereitstellung des Lehrstoffes (Adaption) und die Reaktionsfähigkeit des Computersystems (Atkinson, 1974; Reitsma, 1987), d.h. jede Aktion (Frage oder Antwort) kann fast augenblicklich beantwortet werden.

---

[1] Die hier beschriebene Arbeit ist Teil des 'Leesbord Project' (Lesetafelprojektes), das vom niederländischen Kultusministerium im Rahmen des INSP gefördert wurde. Die Untersuchung wurde durch das 'Instituut voor Perceptie Onderzoek (IPO, Institut für Perzeptionsforschung) in Zusammenarbeit mit dem 'Peadologisch Institut', Amsterdam, und dem NLO, Eindhoven, durchgeführt.

Außerdem scheint es wichtig, daß derselbe oder ähnliche Lehrstoff beliebig oft wiederholt werden kann. Wie diese Möglichkeiten jedoch zum Einsatz gebracht werden können, ist bei weitem noch nicht klar.
Die Verwendung des Computers als Lehrmittel im Unterricht führt natürlich auch zu verschiedenen Schwierigkeiten. Zu den Schwierigkeiten, die der Verwendung des Computers als Lehrmittel inhärent sind, ist z.B. die Integration des Computers in die praktische Unterrichtssituation zu zählen; jedoch gehören hierzu auch Dinge, die mit dem Medium Computer als solchem in Zusammenhang stehen, z.B. wie die Interaktion zwischen Kind und Computer stattfinden soll. Allgemein gilt vielleicht, daß die Ergonomie des elektronischen Lehrmittels erst dann in vollem Umfang gewürdigt werden kann, wenn der Computer (als Lehrmittel) tatsächlich im Unterricht verwendet wird. Die Bedingungen, die bei der Verwendung des Computers in der Klasse erfüllt werden sollen, hängen in starkem Maße vom Unterrichtsgegenstand ab sowie vom Alter und der Erfahrung derjenigen, die damit arbeiten müssen. Eigentlich sind für die Anwendung des Computers im Unterricht für Leseanfänger a priori drei 'Bedingungen' zu formulieren.
Die erste Bedingung ist, daß der Schüler selbständig mit dem Computer arbeiten muß, nicht um die Rolle der Lehrkraft beim Unterricht der Leseanfänger auf ein Minimum herabzusetzen, sondern gerade um die Lehrkraft zu entlasten. Dies stimmt voll und ganz mit der Tatsache überein, daß ein Computer - sicher in der heutigen Zeit - nicht mehr sein kann und sein darf als ein zusätzliches Hilfsmittel. Das selbständige Arbeiten mit dem Computer ist mit zahlreichen Problemen verbunden. Man denke z.B. an Kinder, die aus Verspieltheit anders mit dem Computer umgehen als vorgegeben ist. Wie solchen Schwierigkeiten zu begegnen ist, wurde noch überhaupt nicht untersucht, ist aber von Bedeutung. Selbständiges Arbeiten mit dem Computer impliziert gleichzeitig, daß Anweisungen zur Durchführung einer Übung und die Kommentare zum Fortschritt des Schülers im Unterrichtsstoff möglichst vom Computer selbst gegeben werden müssen.
Da Kinder in der ersten Phase des Lesenlernens noch Schwierigkeiten mit dem Entziffern von geschriebenen und gedruckten Kommentaren haben, müssen die Anweisungen und Kommentare in gesprochener Form vom Computer gegeben werden, womit gleichzeitig die zweite Bedingung genannt ist, die Computer erfüllen müssen, wenn sie beim Unterricht von Leseanfängern eingesetzt werden sollen.
Eine dritte Bedingung ist, daß die Schüler bei der Arbeit mit dem Programm direkt angesprochen werden müssen, damit sie beim Lernprozeß eine aktive Rolle einnehmen. Diese Bedingung hat Konsequenzen für die Software (Art und Form der Übungen) und für die Art, mit der der Schüler seine Antworten oder Auswahlen dem System angeben kann. Hierauf wird an späterer Stelle in diesem Artikel näher eingegangen.
Am 'Instituut voor Perceptie Onderzoek' wurde ein Computer-System (sog. 'LEESBORD', Lesetafel) fertiggestellt, das diesen Bedingungen

genügt, und bei Leseanfängern (6- bis 7-jährigen) geprüft. Zunächst werden einige bereits für das LEESBORD entwickelte Programme beschrieben und anschließend die eng mit den entwickelten Programmen zusammenhängenden Forschungsarbeiten besprochen.

2. Übungsprogramme

Zur Zeit gibt es fünf verschiedene Programme für das LEESBORD, die auf einem Apple-Macintosh-Computer entwickelt wurden. Diese Programme können einzeln verwendet werden, jedoch wird an der Integration dieser Übungen zu einem zusammenhängenden Paket für das dritte Unterrichtsjahr (Gruppe drei des Grundschulunterrichts in den Niederlanden) gearbeitet. Alle bereits entwickelten Programme schließen direkt an die am häufigsten gehandhabte Methode für den Unterricht von Leseanfängern an (Caesar, 1980). Die übliche Vorgehensweise beim Unterricht von Leseanfängern ist darauf ausgerichtet, dem Schüler das Umsetzen der Buchstaben eines Wortes von links nach rechts in Sprachlaute beizubringen, ihn zu lehren, diese Buchstabenlaute zum Laut des Wortes zusammenzufügen (sog. phonologische Strategie; siehe auch Chall, 1983) und davon ausgehend, das Wort zu entziffern.

Bei allen bereits entwickelten Programmen ist die Aufgabenstellung ähnlich; der Schüler wird aufgefordert, aus mehreren verschiedenen Antworten, die auf dem Bildschirm des Computers zu sehen sind, eine Antwort auszuwählen. Wenn der Schüler mit Hilfe der Maus eine Antwort gewählt hat, wird diese eingerahmt, so daß der Schüler erkennen kann, daß das Computer-System die Antwort registriert hat, wonach eine weitere (gesprochene) Anweisung erfolgt.

In den Programmen werden verschiedene Fertigkeiten beim Lesenlernen geübt. Das erste Programm, 'STRUCTUUR' (Struktur), soll dem Schüler beibringen, daß gesprochene Wörter als aus einzelnen Lautsegmenten aufgebaut betrachtet werden können. In verschiedenen Übungsvarianten muß u.a. aus einer bestimmten Anzahl Wörter ein bestimmter Buchstabe herausgesucht werden und ein einzelner Buchstabe einem von drei unvollständigen Wörtern zugeordnet werden. Das Programm 'STRUCTUUR' kann vor allem zur Vorbereitung und in der ersten Phase des Unterrichts von Leseanfängern verwendet werden, sobald der Zusammenhang zwischen Buchstaben und Lauten systematisch behandelt wird.

Bei einem weiteren Programm, 'PLAATJES' (Bilder), wird das Lesen einzelner Wörter, unterstützt durch Abbildungen, geübt. Dieses Programm soll Leseanfänger schon mit einigen geschriebenen Wörtern vertraut machen. Solange der Schüler nicht imstande ist, die geschriebenen Wörter zu lesen, kann bereits mit entsprechenden Abbildungen gezeigt werden, um welche Wörter es sich handelt. Es wurden verschiedene Übungsformen entwickelt, darunter eine Übung, bei der ein Wort ausgesprochen wird und der Schüler anschließend die dazu gehörende Zeichnung auf dem Bildschirm des Computers mit der Maus angeben muß.

Wenn in einer späteren Phase des Leseunterrichts der Zusammenhang zwischen Buchstaben und Buchstabenlauten behandelt wird, scheint das Programm 'SPEL' (Spiel) evtl. eine nützliche Übung zu sein (siehe Reitsma, Ellermann und Spaai, 1986). Bei diesem Programm werden drei bis fünf frei auf dem Bildschirm verteilte Buchstaben angezeigt und der Schüler aufgefordert, den Buchstaben anzugeben, der zu einem bestimmten Buchstabenlaut gehört. Die Reihenfolge, in der die Buchstaben angezeigt werden, ist genau auf die am häufigsten angewendete Methode für den Unterricht von Leseanfängern abgestimmt (Caesar, 1980).

Da sich inzwischen bei vielen Studien gezeigt hat, daß die technische Lesefertigkeit u.a. in dem besseren und schnelleren Identifizieren einzelner Wörter zum Ausdruck kommt (Perfetti, 1985), wurden einige Übungen mit Wörtern als Einheit entwickelt, das Programm 'WOORD' (Wort). Bei diesem Programm wird das Lesen einzelner Wörter ohne Unterstützung durch entsprechende Abbildungen geübt. Ein Wort wird z.B. ausgesprochen und anschließend zwischen drei Alternativen auf dem Bildschirm angezeigt; der Schüler muß jetzt das gesuchte Wort wählen. Bei einer anderen Übung erscheinen zwei Wörter nacheinander auf dem Bildschirm, und der Schüler muß angeben, ob beide Wörter gleich sind. Die Programme 'STRUCTUUR', 'PLAATJES' und 'WOORD' sind ausführlich beschrieben in Ellermann, van den Buys, und van Dongen (1987). Lesen ist jedoch mehr als das Üben von Laut-Buchstaben-Zusammenhängen oder das Identifizieren einzelner Wörter mit oder ohne Unterstützung durch Zeichnungen, denn meist werden Sätze und Texte gelesen. Für solche Übungen wurde das Programm 'TEKST' (Text) entwickelt (beschrieben in Brouwers, 1988). Bei diesem Programm werden Texte auf dem Bildschirm gezeigt und der gesamte Text vorgelesen oder auf Wunsch des Schülers die gesprochene Form des einzelnen Wortes angegeben.

3. Untersuchung

Ausgehend von den in der Einleitung genannten zusätzlichen Möglichkeiten des Computers als Lehrmittel im Unterricht und den Bedingungen, die bei seinem Einsatz im Unterricht von Leseanfängern erfüllt werden müssen, wurden einige Fragen formuliert, die in engem Zusammenhang mit der Entwicklung der oben beschriebenen Software stehen:

1. Welche Anforderungen muß die benutzte Sprache erfüllen?
2. Wie muß die Wechselwirkung zwischen Kind und Computer aussehen?
3. Wie muß die Reaktion des Computers realisiert werden?
4. Wie kann der Unterrichtsstoff an die Fortschritte des Schülers angepaßt werden?

5. Was bedeuten die Untersuchungsergebnisse für die zu entwickelnde Software?

Zu 1.: Benutzung der Sprache
Die Anforderungen, die die zu benutzende Sprache erfüllen muß, sind abhängig von den ins Auge gefaßten Anwendungen. Van Dongen und Reitsma (1984) haben untersucht, inwieweit die Sprachproduktion mit Hilfe von Methoden stattfinden kann, bei denen das Sprachsignal möglichst platzsparend kodiert wird (siehe Vogten, 1984) und damit in einem relativ kleinen Speicher festgelegt werden kann. Für 5 bis 7 Jahre alte Kinder stellt sich jedoch deutlich heraus, daß nur eine nicht komprimierte Sprache für das gute Verständnis einzelner Laute (Phoneme) und kurzer Wörter (d.h. Wörter mit der Struktur Konsonant-Vokal-Konsonant) dienen kann. Aus diesem Grunde wurde im Rahmen des LEESBORD-Projektes eine normale, digitalisierte Sprache gewählt. Durch die Verwendung von Massenspeichern (z.B. CD-ROM) kann man den hierfür erforderlichen Speicherplatz realisieren.

Zu 2.: Die Wechselwirkung Schüler - Computer
Die Wechselwirkungen zwischen Kind und Computer werden durch den Computer begrenzt. Im Idealfall kann das Kind mit dem Computer ebenso kommunizieren wie mit einer Lehrkraft. Dieser Idealfall kann aus zwei wichtigen Gründen nicht verwirklicht werden: Erstens kann der (heutige) Computer nicht mit allem fachlichen und didaktischen Wissen ausgestattet werden, über das die Lehrkraft verfügt. Außerdem ist eine Unterhaltung in der natürlichen Sprache schon deshalb ausgeschlossen, weil keine gute Spracherkennung vorhanden ist, geschweige denn ein Computer, der Gebärden, Gesichtsausdruck usw. adäquat interpretieren kann. Was ein Computer wohl bietet, ist eine Vielzahl graphischer Möglichkeiten, gekoppelt mit der Möglichkeit, gesprochene Sprache zu Gehör zu bringen. Diese graphischen Möglichkeiten wurden in dem Projekt benutzt. Buchstabentyp und -größe sowie Bilder wurden möglichst genau kopiert. Dies bietet wichtige Vorteile im Vergleich zu der Benutzung von Standard-Computerbuchstaben (Reitsma, Ellermann, Spaai, 1987).
Angesichts der Zielgruppe des LEESBORD-Projektes wurde versucht, die Tastatur durch ein 'Input Device' zu ersetzen, das besser an die Möglichkeiten der Kinder angepaßt ist. Aus diesem Grunde wurden verschiedene Möglichkeiten untersucht. Bei einem Vergleich zwischen Lichtstift, Maus und Berührungsschirm stellte sich heraus, daß der Lichtstift kaum für die Benutzung durch junge Kinder geeignet ist, während die Maus und der Berührungsschirm den Ansprüchen genügten. Die Benutzung der Maus muß jedoch gelernt werden, während mit einem Berührungsschirm unmittelbar gearbeitet werden kann. Der Verwendung eines Berührungsschirmes wird daher der Vorzug gegeben. Da jedoch ein solcher nicht für den Computer zur Verfügung stand, auf dem die

Programme implementiert waren, wurde vorerst eine Maus verwendet. Im IPO wird z.Z. ein Berührungsschirm entwickelt, der für den von uns benutzten Computer (Macintosh) geeignet ist (van Raaij, 1987).

Zu 3.: Reaktionsfähigkeit des Computers

Bei den oben beschriebenen Programmen (STRUCTUUR, WOORD, PLAATJES und TEKST) wird der Schüler aufgefordert, aus verschiedenen Antwort-Alternativen eine Antwort herauszusuchen. Es ist jedoch nicht klar, wie der Computer über die Richtigkeit der gewählten Antwort informieren soll. Aus diesem Grunde wurde eine Untersuchung durchgeführt, bei der die Frage im Mittelpunkt stand, wieviel Information über die Fortschritte des Schülers im Lernprozeß erteilt werden muß, damit die Übung eine möglichst große Wirkung hat. Bei einer Leseübung auf Wort-Ebene wurde ein Wort ausgesprochen und der Schüler aufgefordert, das Wort aus verschiedenen Antwort-Alternativen am Bildschirm des Computers herauszusuchen. Aus den Ergebnissen ging hervor, daß weniger Übung erforderlich ist, wenn auf einen Fehler hin eine korrekte Antwort gegeben wird, als wenn im ganzen keine Antwort oder nur eine Information über die Richtigkeit der Antwort erteilt wird (Spaai, Ellermann und Reitsma, 1987). Bei einer anderen Untersuchung wurde die Frage behandelt, ob beim Lesenlernen einzelner Wörter das ganze Wort vorgesprochen werden muß oder das Wort Phonem für Phonem buchstabiert werden soll, wenn der Schüler ein Wort nicht richtig identifizieren kann. Im Gegensatz zu dem, was auf Grund theoretischer Überlegungen erwartet werden konnte, hatte das Vorbuchstabieren eines Wortes nicht die erwartete zusätzliche Wirkung (Spaai, Reitsma und Ellermann, 1990).

Diese Art einfacher Fragen lassen sich mit kurzfristigen Untersuchungen gut beantworten und geben deutliche Hinweise zur Realisierung der Leseübungen (siehe auch Bouwhuis und Truin, 1986). Hierbei ist anzumerken, daß Antworten auf diese Fragen, wie einfach sie auch scheinen mögen, nicht aus unterrichtspsychologischer Literatur abgeleitet werden können. Wir können deshalb von einem bedeutenden Mangel an theoretischen Grundlagen sprechen.

Zu 4.: Anpassung

Die ersten Erfahrungen mit computergestützten Leseübungen wurden wahrscheinlich im Rahmen des 'Standford Reading Project' (Atkinson, 1984; Fletcher und Atkinson, 1972) gemacht. Hierbei hat man mit der Verwendung von 'Darbietungsstrategien' Erfahrungen gesammelt, d.h. mit Algorithmen, mit deren Hilfe die Folge der zu lernenden Gegenstände (z.B. Wörter) bestimmt wird. Für einige formelle Unterrichtsmodelle konnten (sub)optimale 'Darbietungsstrategien' abgeleitet werden (Karush und Dear, 1966; Groen und Atkinson, 1970). Bei einer Untersuchung stellte sich heraus, daß sich die verschiedenen Darbietungsstrategien nicht wesentlich im Lerneffekt unterschieden,

außer in dem Fall, bei dem eine recht große Anzahl Gegenstände innerhalb mehrerer Tage gelernt werden mußte. Hier hatte die Art, in der das 'tägliche' Material ausgewählt wurde, einen bestimmten Einfluß (Atkinson und Paulson, 1972).
Im Rahmen des LEESBORD-Projektes wurde auf eigene Weise an diese Problematik herangegangen. Wenn diese Algorithmen wenig Einfluß haben, warum soll man dann nicht den Schüler selber die Reihenfolgen bestimmen lassen? Das so formulierte Problem führt zu einer interessanten Wechselwirkung zwischen Mensch und Computer (siehe Norman und Draper, 1987) und der traditionellen Unterrichtspsychologie, da auf irgendeine Art die zu lernenden Gegenstände gewählt werden müssen. Ellermann und Vloet (1988) zeigen einen möglichen Lösungsweg auf, und eine erste Bewertung einer solchen Lernumgebung, wobei erwachsene Testpersonen teilnahmen, läßt einen günstigen Lerneffekt im Hinblick auf determinierte Darbietungsstrategien erkennen. Dieselbe Umgebung führte bei 5 bis 6 Jahre alten Kindern zu ganz anderen Resultaten und wird z.Z. noch weiter untersucht. Es zeigt sich, daß Kinder aus einer strukturierteren Lernumgebung mehr Nutzen ziehen können. Das impliziert, daß - soll die Darbietung einer Liste zu lernender Wörter an die spezifischen Schwierigkeiten des einzelnen Kindes angepaßt sein - eine Methode zur Verfügung stehen muß, mit der die Schwierigkeit eines Wortes für ein Kind bestimmt werden kann. Einen ersten Versuch hierzu findet man bei Ellermann und Spaai (1986).
Die bisher besprochene Arbeit betraf die Anpassung (Adaptivität) eines bestimmten Programms in Bezug auf die zeitliche Einteilung von gleichartigem Übungsmaterial. Ein Problem ganz anderer Art ist die Bestimmung des Übungstyps und der Zeit, die einer bestimmten Übung gewidmet werden muß. Diese Anpassung über Übungen hinaus führt zu Problemen, die bis heute kaum untersucht worden sind, zumindest nicht im Zusammenhang mit dem Unterricht von Leseanfängern (siehe jedoch Chant und Atkinson, 1973). Innerhalb des LEESBORD-Projektes werden z.Z. vorbereitende Schritte unternommen, um die Forschung auch in dieser Richtung fortsetzen zu können.

Zu 5.: Die Bedeutung der Untersuchungsergebnisse für die zu entwickelnde Software

Die Formulierung von Richtlinien für die Entwicklung von Schulungs-Software auf der Basis der Untersuchungsergebnisse ist nicht ohne weiteres möglich. Dies wird anhand der nachfolgenden Beispiele veranschaulicht. Reitsma (1987, 1988) hat einige Übungsformen verglichen, bei denen im Kontext einer Geschichte einige schwierige Wörter gelesen werden mußten. Dieses Experiment ist aufzufassen als eine Art Vorspiel zu dem später entwickelten Programm TEKST. Die erste Übungsform, in den Niederlanden bekannt unter der Bezeichnung 'Seh- und Hörmethoden', besteht darin, daß ein gesprochener Text über ein Tonband abgespielt wird, wobei der Schüler den Text beim Hören mitliest. Derselbe Text kann so mehrere Male wiederholt werden. Im allgemeinen wurden bei Kindern mit Leseproblemen mit dieser Methode positive Ergebnisse erzielt (Heckelman, 1969; Chomsky, 1976; van der Leij, 1983). Diese Übungsform wurde in diese Untersuchung aufgenommen, um zu prüfen, inwieweit sie sich auch für normale Leseanfänger eignet. Bei der zweiten Übungsform mußten die Kinder eine Geschichte laut vorlesen und wurden dabei von einem Begleiter unterstützt, der die Leistung des Kindes genau verfolgte. Bei jedem Fehler, den das Kind machte, wurde es darauf hingewiesen und ihm die Möglichkeit geboten, den Fehler zu berichten. Diese Übung scheint der Situation zu gleichen, der man in der Klasse begegnet, obwohl in der Praxis verschiedene Varianten auftreten (Hoffmann, 1984). Bei einer dritten Übungsform wurde wiederum ein Text laut vom Schüler vorgelesen, diesmal aber ohne Kontrolle auf Lesefehler und ohne Korrektur. Stattdessen konnten die Kinder auf ein Wort zeigen, wann sie wollten (Sprache nach Wahl). Wenn auf ein Wort gezeigt wurde, wurde es ausgesprochen. Diese Übungsform wurde aus zwei Gründen hinzugefügt. Erstens ist sie vergleichbar mit der Situation, bei der ein Leser für sich selbst liest und nur bei schwierigen Wörtern um Hilfe bittet. Zweitens kann das unaufgeforderte Anbieten von gesprochenen Wortlauten, wie bei der Mitlese-Methode, den Nachteil haben, daß hauptsächlich zugehört und kaum gelesen wird. Wenn ein Leseanfänger vor allem durch viel Lesen das Lesen lernt, bietet die Sprache-nach-Wahl-Übung hierzu genügend Gelegenheit, wobei auch Hilfe geboten werden kann, wenn der Schüler danach fragt.

Die Ergebnisse dieser Untersuchung zeigten, daß das wiederholte Lesen von Texten sich günstig auf die Schnelligkeit und die Genauigkeit auswirkt, mit der die Texte gelesen werden. Diese allgemeine Beobachtung zeigt, daß bei der zweiten und der dritten Übungsform mehr gelernt wird als bei der Übung, in der die gesprochene und geschriebene Form des Textes gleichzeitig angeboten wird. Insbesondere bei relativ schwachen Lesern zeigten sich erhebliche Unterschiede. Reitsma (1990) schloß daraus, daß die Aufforderung von Leseschülern zum aktiven Lesen offensichtlich zu einer erheblichen Verbesserung der Leseleistung führt.

Mit diesem Hintergrund wurde ein erster Versuch unternommen, diese Ergebnisse als Richtlinie für die Implementierung von Leseübungen auf Textniveau auf einem Computer zu verwenden (Spaai und Ellermann, 1990). Die Art der Darstellung mußte dabei möglichst weitgehend an die tatsächliche Verwendung der Schulungsprogramme in der Klasse angepaßt werden. Erstens mußten die Texte in Segmenten auf dem Bildschirm erscheinen, da die Abmessungen des Computer-Bildschirms nun einmal begrenzt sind und sonst mit einem inakzeptabel kleinen Buchstabentyp gearbeitet werden müßte. Zweitens mußte die Wechselwirkung Kind-Computer angepaßt werden, wobei die Verwendung der Maus gewählt wurde. Drittens wurde die Rolle des Begleiters (Experimentators) auf ein Minimum begrenzt, nämlich auf die Vorgehensweise bei der Sache. Es ist anzumerken, daß es hierbei nicht um eine exakte Wiederholung der Untersuchungen von Reitsma (1987, 1988) ging, sondern nur darum, ausgehend von früheren Untersuchungsergebnissen Richtlinien für die

Entwicklung einer computerunterstützten Lehrumgebung aufzustellen. In dieser Studie wurden neben den oben beschriebenen Mitlese- und Sprache-nach-Wahl-Übungen zwei weitere Übungen untersucht, nämlich eine Textübung und eine Mitleseübung mit Pausen. Die zuletzt genannte Übung entspricht der Mitleseübung und unterscheidet sich nur darin davon, daß Pausen für schwer lesbare Wörter eingefügt sind, damit der Schüler mehr Zeit für die Betrachtung der geschriebenen Form des Wortes hat. Bei der Textübung wurden Texte auf dem Bildschirm des Computers dargestellt, ohne daß der Leser die Möglichkeit hatte, um Hilfe zu fragen.
Die Ergebnisse dieses Experimentes machten deutlich, daß wohl ein globaler Lerneffekt zu verzeichnen war, d.h. das Wortmaterial wurde schneller und genauer gelesen, nachdem die Schüler mit einer der Übungen gearbeitet hatten, aber daß keine Rede von einem differentiellen Lerneffekt sein konnte. Ein zweites, gleichartiges Experiment, bei dem dieselben Übungen auf Text-Ebene auf einem Computer untersucht wurden, führte zu ähnlichen Ergebnissen (Spaai und Ellermann, 1990).
Zusammenfassend kann geschlossen werden, daß die Verwendung eines Computers als Unterrichtsmedium mehr erfordert als das einfache Implementieren bereits bestehender Übungen. Angesichts der Ergebnisse der beiden Versuche erscheint es angebracht, die Realisierung der Übungen auf dem Computer immer genau zu überprüfen. Es ist indessen möglich, daß die Übungen, die auf dem Computer implementiert sind, bei den Experimenten von Spaai und Ellermann 1990, zu wenig zum aktiven Lesen anregen und in zu geringem Maße die Lernaktivitäten der Schüler fördern. Dies kann durch regelmäßige Fragen zu dem angebotenen Text und durch Information über die Richtigkeit der vom Leser gewählten Antworten geschehen. Die ersten Untersuchungsergebnisse deuten darauf hin, daß es beim Einfügen von (Zwischen-) Fragen bei Leseübungen auf Text-Ebene zu einer Verbesserung der Leistungen im Bereich des technischen Lesens kommt, jedenfalls bei der Sprache-nach-Wahl-Methode (Spaai, Ellermann und Reitsma, 1990).

4. Schlußbemerkungen

Nur mit Hilfe einer systematischen Untersuchung der betreffenden Komponenten, wie sie oben beschrieben wurden, können auf eine wohldurchdachte Weise Leseübungen auf einem Computer zusammengestellt werden. Diese Untersuchung, auch explorative Forschung genannt, ist oft recht einfach auszuführen. Es ist jedoch auf mögliche Komplikationen zu achten, die mit der Tatsache zusammenhängen, daß das Medium Computer selber ein bestimmender Faktor für die Art der erhaltenen Resultate sein kann. Erst wenn genügend Information für die Entwicklung von geeigneter Schulungs-Software für den Unterricht von Leseanfängern gesammelt ist, kann auf eine andere Art von Untersuchung übergegangen werden, d.h. auf die sog. Auswertungs-Forschung. Wobei die Frage im Mittelpunkt steht, ob Computer-Programme beim Unterricht von Leseanfängern eine Funktion haben können, wobei versucht wird, eine

Antwort auf die Fragen zu erhalten, ob die Verwendung der Software zur Betreuung des Grundschulunterrichts beiträgt und ob sich die Verwendung von Computern im Unterricht von Leseanfängern positiv auf die Lesefertigkeit der Schüler auswirkt. Eine solche Untersuchung ist nicht einfach durchzuführen, da es methodologische und praktische Probleme dabei gibt. Da die Situation in der Klasse sehr komplex ist, ist es oft schwierig, die genauen Faktoren aufzuzeigen, die zu einem bestimmten Effekt führen. Trotz der Schwierigkeiten, die mit der Bewertungs-Forschung verbunden sind, sind solche Untersuchungen in Zukunft erforderlich, um den Wert von (im Rahmen des LEESBORD-Projektes entwickelten) Schulungsprogrammen beurteilen zu können.

Literatur:

Atkinson, R.C. (1974) Teaching children to read using a computer. American Psychologist, 29, 169-178.

Atkinson, R.C. & Paulson, J.A. (1972) An approach to the psychology of instruction. Psychological Bulletin, 78, 49-61.

Bouwhuis, D.G. & Truin, P.G.M. Woorden lezen met spraak-naar-keuze door dyslectische kinderen. In: Dijkstra, S. & Span, P. (Eds.), Leerprocessen en instructie. Swets & Zeitlinger, 1986.

Brouwers, J. (1988) Het programma TEKST', versie 3.0. Intern IPO Rapport, 621.

Chant, V.D. & Atkinson, R.C. Optimal allocation of instructional effort to interrelated learning strands. Journal of mathematical psychology, 1973, 10, 1-25.

Caesar, F.B. Veilig Leren Lezen, Handleiding. Zwijsen, Tilburg, 1980.

Dongen, D. van & Reitsma, P. (1984) Verstaanbaarheid van synthetische spraak door kinderen van 5 en 7 jaar. Intern IPO Rapport, 476.

Ellermann, H.H. & Spaai, G.W.G. (1986) Inschaling van woorden naar moeilijkheidsgraad door beginnende lezers. In: P. Reitsma & A.G. Bus, & W.H.J. van Bon (Red), Leren lezen en spellen: ontwikkeling en problemen. Lisse: Swets & Zeitlinger.

Ellermann, H.H., van den Buys, J.J.M. & van Dongen; A.W.A. (1987) Documentatie van programma's van het Leesbord project: Intern IPO Rapport, 569.

Ellermann, H.H. & Vloet, P. An experimental evaluation of three computer environments for the learning of paired associates. IPO Annual Progress Report 22, 1988, 97-108.

Fletcher; J.D. & Atkinson, R.C. (1972) Evaluation os the Standford CAI program in initial reading. Journal of Educational Psychology, 63, 597-602.

Govers, R. (1988) De effectiviteit van leesoefeningen voor beginnende lezers. Intern IPO Rapport, in druk.

Groen, G.J. & Atkinson, R.C. (1970) Models for optimizing the learning proces. Psychological Bulletin, 4, 309-320.

Hoffman, J.V., O'Neal, S.F., Kastler, L.A., Clements, R.O., Segel, K.W. & Nash, M.F. (1984) Guided oral reading and miscue focused verbal feedback in second-grade classrooms. Reading Research Quarterly, 4, 367-384.

Karush, W. & Dear, R.E. (1966) Optimal stimulus presantation strategy for a stimulus sampling model of learning. Journal of mathematical Psycgology, 3, 19-47.

Leij, A. van der (1983) Ernstige leesproblemen, een onderzoek naar moglijke differentatie en behandeling, Lisse: Swets & Zeitlinger.

van Raai, R. (1987) Een infrarood touch-screen voor de Macintosh. Intern IPO Rapport, 579.

Reitsma, P., Ellermann, H.H. & Spaai, G.W.G., an electronic aid fore practising letter-sound correspondences. In: Moonen, J. & Plomp, T. (Eds.), EURIT 86: Developments of Educational Software and Courseware, Oxford, Pergamon Press, 1987, 117-122.

Reitsma, P. (1987) Een sprekende computer als oefenmiddel bij leesmoeilijkheden. In: A. van der Leij & J. Hamers (Edg.), Dyslexie 1987. Lisse: Swets & Zeitlinger.

Reitsma, P. (1988) Reading practice for beginners: effects of guided reading, reading-while-listening, an independent reading with computer-based speech feedback, Reading Research Quarterly, 23, 2, 219-235.

Spaai, G.W.G. & Ellermann, H.H. (1990) Learning to read with the help of speech feedback: an evaluation of computerized reading exercises for initial readers. In Peters, J. M., Simons, P.R.J. und Leeuw, A do (Edg.), Research on computer-based instruction. Lisse: Swets & Zeitlinger.

Spaai, G.W.G. & Ellermann, H.H. & Reitsma, P. (1990) An evaluation of computerized reading exercises for initial readers. Submitted for publication to Reading Research Quarterly.

Spaai, G.W.G. & Ellermann, H.H. & Reitsma, P. (1990) Effects of two forms of sound feedback on learning to read single words. Submitted for publication to Journal of Educational Research.

Danksagung

Wir möchten unseren Dank allen Beteiligten des LEESBORD-Projektes - Ing. H. van der Griendt, C. van der Pol, Dr. P. Reitsma, Dr. D. Bouwhuis - aussprechen, die zu der hier besprochenen Untersuchungs- und Entwicklungsarbeit beigetragen haben.

H.H. Ellermann
G.W.G. Spaai
Instituut voor Perceptie Onderzoek (IPO)
Eindhoven
Niederlande

Günter Koch & Wolf-Rüdiger Naussed
COKOS I + II:
Programmpakete für die Förderung
des Schriftspracherwerbs in einer pädagogisch-
psychologischen Lernumgebung

In der Praxis der Kinderpsychotherapie werden Computer bisher nur in geringem Umfang eingesetzt, auch Forschungsergebnisse zum Nutzen des Computereinsatzes in klinisch-psychologischen Arbeitsbereichen liegen erst in Anfängen, v.a. aus dem englischsprachigen Raum vor. Diese Zurückhaltung scheint zunächst plausibel, denn Fragen wie: "Ist nicht der Einsatz des Computers in der Psychotherapie geradezu kontraindiziert, da er die Entwicklung einer vertrauensvollen Klient-Therapeut-Beziehung eher behindert als fördert?" und "Ist nicht die Vermittlung von Schriftsprachkompetenz, zu deren Förderung und Entwicklung der Computer im vorliegenden therapeutischen Zusammenhang genutzt werden soll, eine genuin pädagogische Aufgabe?" sind noch nicht in ausreichendem Maße beantwortet.
Den ersten Teil dieses Beitrages bildet eine Auseinandersetzung mit diesen beiden Fragen, wobei unsere Überlegungen zu einem "Nein" auf die erste Frage und einem "Ja" auf die zweite führen. Die Bejahung der zweiten Frage und die Überzeugung, daß die Vermittlung von Schriftsprachkompetenz eine pädagogische Aufgabe ist, läuft jedoch nicht auf die Forderung nach der Übertragung jeder Form von Schriftsprachvermittlung in das Aufgabengebiet der Pädagogik hinaus. Wir werden im Gegenteil Argumente dafür liefern, warum die pädagogische Förderung therapiebedürftiger Kinder von Psychotherapeuten durchgeführt werden sollte.
Im zweiten Teil sollen die im Projekt "Computer als Medium in der Psychotherapie" des Psychologischen Institutes der Freien Universität Berlin entwickelten Programmpakete COKOS I und II vorgestellt werden.
Obwohl wir im folgenden hauptsächlich über Psychotherapie sprechen werden, halten wir unsere Programme auch in anderen schulischen und außerschulischen Bereichen für einsetzbar, insbesondere wenn die Betreuung und Förderung in kleinen Gruppen möglich ist.

1. Computer als Medium in der Pädagogisch-Psychologischen Therapie

Das in mehr als 15 Jahren von unterschiedlichen Trägern der psychosozialen Versorgung in Berlin in Zusammenarbeit mit der Abteilung Kinderpsychotherapie des Psychologischen Instituts der Freien Universität Berlin unter der Leitung von Prof. Dr. Siegfried SCHUBENZ entwickelte Konzept "Pädagogisch-Psychologische Therapie" verweist auf eine Betreuungsform, die ihr vorrangiges Ziel darin sieht, bestehende Behinderungen in der Persönlichkeitsentwicklung von Klienten zu überwinden. Schulische Leistungsdefizite sind nach unserer Sichtweise Symptome einer Entwick-

lungsbehinderung. In der Herstellung dieser Verbindung schlägt sich die praktisch-therapeutische Erfahrung nieder, daß Kinder mit erheblichen schulischen Leistungsdefiziten (z.B. im Schriftsprachbereich) in großer Regelmäßigkeit in zweifacher Hinsicht mit Problemen belastet sind. Es fehlt ihnen häufig an sozialer Kompetenz (eingeschränkte Kommunikations- und Kontaktfähigkeiten), und sie sind - zum Teil extrem - hinter der Entwicklung ihrer Altersgenossen zurückgeblieben.
Schulversagen als Spezialfall eines Therapiebedürftigkeit anzeigenden Symptoms hat im Verständnis der PPT zwei Aspekte. Erstens ist es ein Signal des Kindes, das zu einem wesentlichen Teil die Bitte um Hilfe und Zuwendung ausdrückt. Und zweitens verweist das Symptom auf gestörte Lebensbedingungen, d.h. Lebensbedingungen, die Krankheitswert besitzen, und damit den Klienten in seinem Selbstwert, seiner Selbstsicherheit und seinen sozialen Lebensbezügen bedrohen. Das Symptom "Lese- und Rechtschreibschwäche" ist zudem wiederum ein äußerst starker pathogener Faktor und verstärkt den Druck auf die Persönlichkeit des Kindes. Um diesen Teufelskreis (Siehe: BETZ/BREUNINGER, 1987) zu durchbrechen, bedarf es einer doppelten Strategie, eben einer, die sich pädagogischer und psychologischer Mittel bedient.
In der Pädagogisch-Psychologischen-Therapie versucht der Therapeut zu seinem Klienten ein Vertrauensverhältnis, eine feste Bindung im Sinne von BOWLBY (BOWLBY, 1972) aufzubauen. Es kann hier nur angedeutet werden, daß diese Bindung Ähnlichkeiten aufweist zu den Beziehungen, die zwischen Müttern und ihren sehr kleinen Kindern bestehen. Nach unseren Erfahrungen entscheidet aber das Zustandekommen einer solchen Beziehung über den Erfolg der Psychotherapie und das auch in ihrem pädagogischen Anteil, nämlich der Behebung bzw. Reduzierung von Schwächen in der Schriftsprachbeherrschung. Hieraus kann man den weithin bekannten Sachverhalt erklären, daß in gewissen Fällen die beste Didaktik versagt, wenn keine feste Bindung zu der Betreuungsperson aufgebaut wird.
PPT-Therapeuten streben also die Herstellung einer festen Bindung zu ihren Klienten an und sind - anders als Lehrer - darin unterwiesen worden, in einer solchen Beziehung zu arbeiten. Auf dieser Basis wird dann der durch Medien und Methoden strukturierte pädagogische Prozeß möglich.
Das Stichwort "Medium" bringt uns zu einem weiteren Punkt, der die Bedeutung des Computers als Medium in der Psychotherapie beleuchtet. Ein Medium ist etwas, das in der Beziehung zwischen Therapeut und Klient vermittelnde Funktionen übernimmt, also Kommunikation ermöglicht. In richtiger Verwendung können sowohl Buntstifte als auch Tiere, sowohl körperbetonte Spiele als auch Computer die Rolle eines Mediums übernehmen. Es gilt dabei Medien zu finden, die nicht durch die Frustrationen belastet sind, die das Kind in seinen alltäglichen Kommunikationshandlungen erlebt. Solche medienvermittelte Kommunikation ist in manchen Fällen der einzige Weg zur Kontaktaufnahme zwischen Betreuer und Klient. Sie wirkt sich aber auch in den anderen Fällen positiv aus.

H. SIEMENS beschreibt den therapeutischen Nutzen von Medien folgendermaßen: "Der Umgang mit Medien unterstützt die therapeutische Beziehungsaufnahme und -entwicklung, er unterstützt die Findung von persönlichen Ausdrucksformen und die Symbolisierung emotionaler Zustände" (SIEMENS, 1988).

SIEMENS verweist auch auf die Variabilität der Aufgaben des PPT-Therapeuten, in denen zuweilen eher die pädagogischen und dann wieder eher die psychotherapeutischen Aspekte überwiegen: "Der Pädagogisch-Psychologische-Therapeut ist auf keinen speziellen Methodenkanon (Anmerkung d. Verf.: Hierin sind auch Medien inbegriffen) festgelegt. Er bedient sich nach therapeutischer Indikation, nach seinem individuellen Schwerpunkt, seiner eigenen Erfahrung und Kenntnis und gemäß seiner Arbeitsbedingungen der Methoden, die die therapeutische Entfaltung und die kreative Neuorientierung des Klienten unterstützen. Der innere Zusammenhang zwischen therapeutischer Beziehung, Regression und Entwicklung und therapeutischer Erziehung und Lernen bestimmt letztlich die Auswahl und Reihenfolge der Medien und Methoden, je nach Betonung des psychotherapeutischen oder des pädagogischen Anteils" (SIEMENS, 1988). Wir meinen, daß sich der Prozeß des Erwerbs von Schriftsprache mit Unterstützung des Mediums Computer unter diesen Voraussetzungen am besten in einer zu diesem Zwecke spezialisierten Lernumgebung vollzieht.

2. Das Konzept der Lernumgebung in der Pädagogisch-Psychologischen-Therapie

Für den Gebrauch des Computers als pädagogisch wirksames Medium in einem psychotherapeutischen Setting der PPT scheinen uns die auf die piagetsche Lerntheorie gestützten Methoden von PAPERT und anderen (PAPERT, 1982) am besten geeignet zu sein, denn sie enthalten in ihrer Mehrzahl bereits die auch im therapeutischen Prozeß, so wie er hier verstanden wird, unabdingbare Voraussetzung der freiwilligen Beteiligung des Klienten. Der Klient erwirbt, indem er seinen selbst- bzw. zusammen mit dem Therapeuten bestimmten Zielen folgt, allmählich Fähigkeiten, die ihm dabei helfen, seine Lernstörung zu überwinden. In unserem Arbeitszusammenhang heißt das: er erwirbt Schriftsprachkompetenz. Die Synthese zweier Bedürfnisse - das der Gesellschaft nach Vermittlung von sozialen und beruflichen Qualifikationen und das des Kindes nach Bestätigung, Spiel und Befriedigung seiner Neugier - , die in der Schule oft als Gegensätze auftreten, wird in einer Lernumgebung möglich.

Wie wirksam eine Lernumgebung funktioniert, wird z.B. deutlich, wenn man sich klar macht, daß eine Sprache, sagen wir französisch, nirgendwo und mit keiner Methode besser zu erlernen ist, als durch die Verwendung dieser Sprache in dem jeweiligen Herkunftsland. Das soziokulturelle Umfeld ist in diesem Falle die Lernumgebung.

Das Lernen in einer Lernumgebung ist kein automatisierter oder automatisierbarer Vorgang sondern sehr individuell, d.h. es folgt den Erkenntnisschritten des Kindes in Tempo und (weitgehend) Richtung. Lernumgebungen können von sehr verschiedener Art sein. Es kann sich dabei sowohl um spontan entstehende soziale Situationen als auch um für Lernzwecke eingerichtete künstliche Umgebungen mit gezielten Anregungen handeln. Künstlich geschaffene Lernumgebungen müssen so gestaltet sein, daß sie den Wünschen der Kinder nach Spiel und der Herstellung von interessanten Werkzeugen entgegenkommen, und implizit die Vermittlung wichtiger Inhalte (z.b. die Bedeutung syntaktischer Regeln, logischer Verknüpfungen, mathematischer Basisbegriffe usw.) fördern, weil diese zur Erreichung der vom Kind selbst gesetzten Ziele erworben werden müssen.

Allen Lernumgebungen ist gemeinsam, daß Lernende sich erstens aus eigenem Antrieb in diesen Umgebungen zurechtfinden wollen, dabei zweitens wertvolle Kenntnisse sammeln, drittens diese Aneignung selbstgesteuert ist und viertens sich in einem förderlichen Klima vollzieht. Man kann Lernumgebungen auf verschiedenen Ebenen unterscheiden, wobei bestimmte Lernumgebungen (z.B. therapeutische Settings) andere (z.B. auf dem Computer implementierte Lernumgebungen wie LOGO oder Adventure Games) enthalten können. Der Computer bietet gerade für den Entwurf von Lernumgebungen ausgezeichnete Möglichkeiten, weil er die Installierung entwickelbarer Systeme zuläßt, die einerseits bereits eine Fülle von Anregungen bieten, andererseits aber für Erweiterungen durch das Kind oder den Betreuer offen bleiben. Als ein solches System kann man die von dem amerikanischen Mathematiker und Psychologen Seymour Papert und seinen Mitarbeitern entwickelte Programmiersprache für Kinder "LOGO" oder das "ECODISK" System der BBC verstehen, die für das Gebiet der Mathematik bzw. der Ökologie bereits sehr viel bieten. Einen bescheideneren Umfang haben unsere eigenen Programme, auf die wir jetzt zu sprechen kommen.

3. Computergestützte Kommunikationsspiele (COKOS)

In unserem Forschungsprojekt "Computer als Medium in der Psychotherapie" versuchen wir solche Lernumgebungen zu installieren. Neben der Erstellung von Programmen zur Übersetzung einer originalen englischen Version des IBM-LOGO auf Deutsch haben wir zwei weitere Programmpakete entwickelt: COKOS I + II (COKOS ist eine Abkürzung für "Computergestützte Kommunikationsspiele"). Die Programme sind lauffähig auf dem IBM-PC/XT/AT Standard, benötigen ein 360 KB Laufwerk. Ein Farbgrafikadapter (CGA) ist für das Programm PACKLETT notwendig, für die anderen Programme ist er empfehlenswert.

Grundlage aller Programme aus COKOS I und II ist ein Grundwortschatz, in dem die 8000 häufigsten Wörter (Wortformen) der deutschen Sprache mit verschiedenen Grundwortschätzen, die in pädagogischen Zusammenhängen verwendet werden, kumuliert sind. Die Wörter dieses Grundwortschatzes sind nach einer im Forschungsprojekt entwickelten Systematik morphematisiert, d.h. in ihre sinntragenden Bestandteile gegliedert. Diese Gliederung erleichtert lese- und rechtschreibschwachen Schülern die Erfassung komplexer Wortformen und den systematischen

Erwerb der wichtigsten Bestandteile der deutschen Schriftprache (siehe: PILZ/SCHUBENZ, 1979 sowie KOSTKA/EICKE, 1983).

Aus den zur Verfügung stehenden Listen wird ein Wort ausgewählt und gemäß der jeweils in den Programmen gegebenen Anforderungen dargeboten. (Für alle Spiele gibt es auch die Möglichkeit, eigene Wortlisten zu verwenden, die in diesem Falle allerdings in Morpheme gegliedert sein müssen.)

3.1 COKOS I

Eine ausführliche Beschreibung mit einer Reihe von Beispielen für die praktische Arbeit mit COKOS I und anderer Software findet sich bei EICKE und SCHUBENZ (1987). Hier soll eine Kurzbeschreibung der Teile dieses Programmpaketes genügen. COKOS I enthält folgende Programme, die den Schriftspracherwerb auf unterschiedlichen Niveaus fördern:

a) **"PACKLETT"**. Aus einem Buchstabensalat muß jeweils ein bestimmter Buchstabe herausgesucht werden. In der niedrigsten Spielstufe ist der gesuchte Buchstabe farbig markiert. In der nächst höheren Spielstufe fehlt die Markierung und in Stufe 3 muß das Kind aus der Lücke in einem Wort erschließen, welcher Buchstabe gerade gesucht wird (Das Wort wird nur am Anfang vollständig gezeigt). PACKLETT stellt eine spielerische Übung zur Identifizierung und Wiedererkennung der Buchstaben dar.

b) **"ROUL-LETT"**. Auf dem Bildschirm erscheint ein Roulett-Spielfeld, auf dem statt Zahlen Buchstaben zu sehen sind. Aus den Wortlisten wird ein Wort ausgewählt, aber noch nicht gezeigt. Die Spieler (bis zu vier) sollen raten, welcher Buchstabe der erste bzw. nächste des ausgewählten Wortes ist (bzw. welcher Gruppe von Buchstaben - z.B. Vokale, Konsonanten, rote oder schwarze Buchstaben usw. - er angehört). Auf diesen muß er seinen Einsatz setzen. Sind alle Einsätze gebracht, "dreht sich das Roulett" und der Buchstabe erscheint z.B. "g". Am Anfang hat man natürlich keinerlei Anhaltspunkte und muß sich auf sein Glück verlassen. Es empfielt sich daher, die Einsätze vorsichtig zu tätigen. Sind aber erst einmal ein oder mehrere Buchstaben der Wortformen bekannt, so kann man Vermutungen anstellen, wobei Kenntnisse über die Übergangswahrscheinlichkeiten von Buchstaben äußerst gewinnbringend sind. Auf ein "g" folgt z.B. mit erheblicher Wahrscheinlichkeit ein "e". "ROUL-LETT" ist also, anders als sein bekannterer Vetter, kein Glücksspiel.

c) **"Wörterraten"** ist eine elektronische Version des "hanging man"-Spiels, bei dem es um die Häufigkeit von Buchstaben und wiederum deren Übergangswahrscheinlichkeiten geht.

d) **"Wörterschreiben"** ist ein Übungsprogramm, in dem Wortformen nachgeschrieben oder Vokabeln übersetzt werden müssen. Dabei können wiederum unterschiedliche Schwierigkeitsgrade gewählt werden. Weiterhin kann selbstgesteuerte oder tachystoskopische Zeitvorgabe eingestellt werden.

Die weiteren in dem schon erwähnten Artikel von EICKE und SCHUBENZ genannten Programme liegen bisher noch nicht auf dem Turbo-Pascal-Standard vor.

3.2 COKOS II - Morphemspiele

Dieses Paket enthält drei Programme, die auf unterschiedliche Weise das morphologische Verständnis der Kinder von der Schriftsprache fördern.

a) Beim **MORPHEMPUZZLE** geht es darum, aus einer Reihe von Morphemen, die in falscher Reihenfolge auf dem Bildschirm erscheinen - wobei Groß- und Kleinschreibung erhalten bleiben - dasjenige Wort zu erschließen, das diese Morpheme bilden.

    Die Morpheme: t ge mal
    bilden das Wort: gemalt

b) Beim **MORPHEMRATEN** ist ein Morphem des gezeigten Wortes "versteckt". Die fehlenden Buchstaben sind durch Punkte gekennzeichnet. Als Hilfe kann sich der Spieler die zu dem gesuchten Morphem gehörenden Buchstaben zeigen lassen. Diese werden allerdings in meist falscher Reihenfolge ausgegeben. Das Wort "Geschenk" kann z.B. in folgender Form erscheinen:

    ...schenk oder: Ge....

Läßt sich der Spieler die fehlenden Buchstaben zeigen, so werden als zusätzliche Information im einen Fall die beiden Buchstaben: z. B. als eG und im anderen Fall: z.B. als enskch erscheinen.

c) **MORPHEMEFINDEN** schließlich fördert die Fähigkeit, ein vorgegebenes Wort in seine Morpheme zu gliedern. Sie müssen gefunden und in beliebiger Reihenfolge eingegeben werden. Das Wort "gemalt" erfordert die Eingaben:

    ge   (Eingabe),
    mal   (Eingabe) und
    t   (Eingabe). Die Reihenfolge ist beliebig.

Im Eröffnungsmenü des Rahmenprogrammes kann man eines der drei genannten Spiele oder die beiden Submenüs "Infos" und "Optionen" wählen. Das Info-Submenü bietet Informationen über Morpheme, die Möglichkeiten der Verwendung eigener Wortlisten oder die Berechnung der

Punkte, die den Spieler bzw. den beiden Spielern während des Spieles gutgeschrieben werden. Im Options-Submenü, kann man erstens die Auswahl der Wörter beeinflussen, d.h. man kann entscheiden, ob Wörter zufällig aus einer Liste ausgewählt werden, ob nach bestimmten Buchstabenkombinationen gesucht werden soll, oder ob die Datei Wort für Wort durchgegangen werden soll. Zweitens hat man die Möglichkeit, die Punktwertung ein- oder auszuschalten. Drittens kann man die Zeiteinheiten verändern, die der Punktewertung zugrundegelegt werden. In der Grundeinstellung hat der Spieler 40 Sekunden, um das gesuchte Morphem oder Wort einzugeben. Bei Kindern, die erheblich länger brauchen, kann man diese Spanne auf das Neunfache verlängern, d.h. ein Kästchen der Zeitleiste entspricht dann neun Sekunden. Und viertens kann man eigene Dateien benennen, auf die die Spiele dann ausschließlich zugreifen. Gegenwärtig wird daran gearbeitet, das Paket um einen Editor zu erweitern, damit die Erstellung eigener Wortlisten erleichtert wird.

Alle drei Spiele beginnen mit einer kurzen Beschreibung der Regeln und Optionen. Dann folgt die Wahl der Schwierigkeitsstufe (1 - 3), die von der Morphemzahl der Wörter abhängt. In Stufe 1 werden zweimorphemige Wörter, in Stufe 2 dreimorphemige und in Stufe 3 Wörter mit vier und mehr Morphemen ausgewählt. Bei eigenen Dateien muß der Schwierigkeitsgrad jeweils eingegeben werden.

Als nächstes wählt der Spieler die Anzahl der Wörter, die in der Sitzung gekonnt werden sollen (1 - 40). Die eingegebene Zahl bleibt während des ganzen Spiels als Leiste aus Kästchen präsent, auf der die Zahl der erfolgreichen Versuche rot abgetragen wird. Der oder die Spieler geben anschließend ihre(n) Namen ein und das Spiel beginnt.

Hat sich der Spieler für die Punktwertung entschieden, dann läuft nach der Ausgabe des Wortes auf dem Bildschirm eine Zeitleiste von 40 Sekunden (Grundeinstellung) ab. Wird die Aufgabe innerhalb der 40 Sekunden gelöst, so erhält der Spieler als Punkte das Produkt aus verbleibenden Sekunden und der Summe aus Schwierigkeitsstufe und Länge der verlangten Eingabe gutgeschrieben. Die Uhr stoppt bei der letzten Sekunde, so daß der Spieler auch nach dem Verstreichen der vorgegebenen Zeit für richtige Eingaben noch Punkte erhält. Ist die Eingabe fehlerhaft, kann der Spieler einen neuen Versuch machen. Wählt er diese Möglichkeit, so kann er seine Eingabe korrigieren oder verwerfen. Die Anzahl der Versuche ist nicht begrenzt.

Ein Protokollsystem speichert die Namen der Spieler, die Zahl der Wörter, die sie sich vorgenommen haben, Spielstufe, Fehler sowie das Datum und die Zeiten von Beginn und Ende des Spieles. Die anfallenden Daten erleichtern es dem Betreuer, sich ein Bild von der Leistungsentwicklung der Kinder zu machen und gezielt an Schwächen zu arbeiten.

Hat ein Spieler eines der 20 besten bisherigen Ergebnisse erreicht, wird sein Name zusammen mit den Punkten sowie Datum und Uhrzeit in die Rekordliste eingetragen. Diese Liste kann - das liegt natürlich in der Verantwortung des Betreuers - auf ein Kind beschränkt bleiben, so daß sie ihm als Anreiz dient, seine eigenen Leistungen immer wieder zu verbes-

sern; sie kann aber auch für mehrere Kinder offen sein, die auf diese Weise in einen Wettbewerb treten.
Bei allen drei Spielen wurde Wert darauf gelegt, die Leistungen und Fortschritte der Kinder und Jugendlichen für sie selbst sichtbar zu machen. Die graphisch dargestellte Zahl der für den jeweiligen Tag vorgenommenen Wörter, auf der die erfolgreichen Versuche abgetragen werden, zeigen den Kindern immer, wieviel sie bereits geschafft und wieviel sie noch vor sich haben. Die Ergebnisse ihrer Bemühungen werden sofort sichtbar und begreifbar. Die vor Beginn eines Spieles stattfindende Bestimmung einer Zahl von Wörtern als Vorgabe soll den Kindern dabei helfen, sich selbst Ziele zu setzen, die sie auch erreichen können und wollen. Nur wenn sie die selbst vorgegebene Zahl von Wörtern - die natürlich auch sehr klein sein kann - erreicht haben, erhalten sie die Möglichkeit, in die Hitliste zu kommen.
Die Liste der besten Ergebnisse kann sowohl als Maßstab im Wettbewerb der Kinder untereinander dienen, sie spiegelt aber auch, da die Einträge den Zeitpunkt, zu dem ein Ergebnis erzielt wurde, beinhalten, die Fortschritte bzw. Leistungszuwächse wider, die ein Kind erlangt hat. Welche Möglichkeit dabei vorzuziehen ist, liegt in der Entscheidung des Betreuers. Bei Kindern und Jugendlichen, die noch sehr langsam beim Umgang mit der Tastatur oder dem Lösen der Aufgaben sind, kann man auf die Punktewertung verzichten. Hitliste und Zeitleiste erscheinen dann nicht.

4. Abschließende Bemerkungen

Wir verstehen COKOS I + II (die durch weitere Pakete ergänzt werden) als Schritte auf dem Weg zur Entwicklung immer besserer Lernumgebungen, die die Vermittlung der Interessen und Wünsche von Schülern mit den Anforderungen und Ansprüchen von Schule und Gesellschaft zunehmend leichter machen. Dieser Weg ist lang, und die Erstellung schülergerechter pädagogischer Sofware steht erst am Anfang. Das gilt besonders für die Bundesrepublik, die der Entwicklung in anderen Ländern hinterherhinkt. Trotzdem besteht kein Anlaß zur Computerabstinenz, denn schon mit dem jetzt vorhandenen Material kann Schülern der Schriftspracherwerb um vieles leichter gemacht werden.
COKOS I + II sind erhältlich bei: PerSoft GmbH, Kurfürstenstr. 46, 1000 Berlin 42, Tel. 030/7062018

5. Literatur

Betz, D. und Breuninger, H. (1987): Teufelskreis Lernstörungen, München und Weinheim.

Bowlby, J. (1975): Bindung, München.

Eicke, J. und Schubenz, S. (1987): PACMAN im LETTERLAND - Mikrocomputer in Sonderpädagogik und Psychotherapie, LOG IN Nr. 7.

Kostka, Winfried (1980): Kindertherapie und Kleincomputer, Forum Kritische Psychologie Bd. 7, Berlin.

Kostka, W. und Eicke, J. (1983): Grundwortschatz für den computerunterstützten Lese- und Rechtschreibunterricht nach der Morphemmethode, Berlin.

Papert, S (1982): Mindstorms - Kinder, Computer und Neues Lernen, Basel: Pilz, D. und Schubenz, S., Hrsg. (1979): Schulversagen und Kindergruppentherapie, Köln

Schubenz, Siegfried (1984): Mit Comuter gegen den neuen Analphabetismus, Die Zeit Nr. 3. derselbe (1985): Sollten schon Grundschulkinder programmieren lernen? Die Zeit Nr. 11. Siemens, H. (1988) Thesen zum Verständnis der Störungssymptomatik und zur pädagogisch-psychologischen Behandlung, unveröffentl. Manuskript, Berlin.

Winnicott, D.W. (1973): Vom Spiel zur Kreativität, Stuttgart.

Günter Koch, MA & Wolf-Rüdiger Naussed, Dipl.-Psych.
Forschungsprojekt "Der Computer als Medium in der Psychotherapie"
Psychologisches Institut der Freien Universität Berlin
Habelschwerdter Allee 45
1000 Berlin 33

Christof Krischer
Lesenlernen mit der Gleitzeile

Laufschrift in Form der sog. Gleitzeile erweist sich als eine sehr wirkungsvolle Hilfe der Vermittlung von Lesefertigkeit an Anfänger. Wo herkömmliche, seitenorientierte Darbietung auf Druckvorlagen oder Bildschirmen wegen zu kleiner Schrift und Problemen bei der Zeilensuche oder dem Umblättern versagen, bewährt sich die Gleitzeile. Sie ermöglicht es dem Anfänger, Texte so zu lesen, wie es seinem Ausbildungsstand entspricht: Mit der richtigen Vergrößerung und in kleinen, jedoch gleichmäßig fortschreitenden Schrittchen.

1. Entwicklung des Leselernvorgangs

Messungen der Augenbewegung beim Lesen geben wie ein Fingerabdruck Auskunft über Einzelheiten des Lesevorganges jedes Lesers. Beim normalen Lesevorgang Erwachsener wird die Blickrichtung der Augen in einem gleichmäßigen Takt von etwa vier Sprüngen pro Sekunde entlang der Zeile bewegt. Dabei wird zwischen zwei Augensprüngen während der sog. Fixierung im Mittel etwa ein Wort vom visuellen System aufgenommen.

Bei Kindern ergab sich für den Leselernvorgang, daß sie ihre Blickrichtung ebenfalls sprunghaft in einem fast gleich großen Takt von vier Sprüngen pro Sekunde weiterbewegen. Die von ihnen erreichte kleinere Lesegeschwindigkeit ist darauf zurückzuführen, daß sie wegen der geringeren Leseerfahrung und begrenzten Verarbeitungskapazität nur in sehr kleinen Schrittchen ihre Blickrichtung entlang der Zeile bewegen (Abb. 1). Die Entwicklung der Schrittweite beim Leselernvorgang geht allmählich im Laufe mehrerer Jahre von 1-2 Buchstaben je Blickrichtungssprung zu der normalen Sprungweite von etwa 6 Zeichen je Sprung über (Abb. 1).

Kinder (bzw. Leseanfänger) haben somit wesentlich mehr Schwierigkeiten beim Lesen als Erwachsene. Sie müssen mit ihren Augen eine im Vergleich zu Erwachsenen wesentlich schwierigere Arbeit bewältigen, da sie nur in sehr kleinen Schritten vorgehen und daher nicht im Stande sind, ihr normal entwickeltes Blickfeld genau so gut zu nutzen wie dies Normallesende (Erwachsene) tun. Es kommt weiter eine erschwerte Sinnentnahme hinzu, denn sie müssen sich die zu entziffernde Buchstabenfolge wesentlich länger als der erfahrene Leser merken, bevor sie zu dem Erfolgserlebnis in Form der Sinnentnahme kommen. Daher wirken sich kleine Fehlsprünge, mit denen sie wichtige Teile eines Wortes überspringen, katastrophal auf die Sinnentnahme aus. Wegen dieser allmählichen Entwicklung des Lesevorgangs zur ganzheitlichen Sinnentnahme sind die Schwierigkeiten beim Lesen um so größer, je geringer die Lesekenntnisse sind.

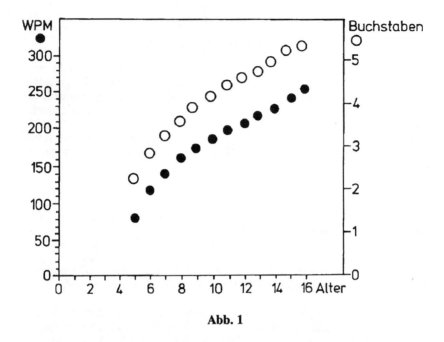

Abb. 1

2. Die Gleitzeile als Leselernhilfe

Die Gleitzeile ist für Anfänger eine gute Lesehilfe, da die Augenbewegung erleichtert wird und sich der Leseanfänger ganz auf die Sinnentnahme konzentrieren kann. Die schwierige Aufgabe des gleichmäßigen Fortbewegens der Blickrichtung in sehr kleinen Schritten entlang der Zeile wird durch das ruhige Eingleiten des Textes von rechts nach links sehr erleichtert. Die Leseaufgabe vereinfacht sich darauf, gleichmäßige Folgebewegungen von rechts nach links auszuführen, gefolgt von jeweils einem kurzen Blickrichtungssprung nach rechts (Buettner and Krischer 1985). Fehlsprünge, wie sie beim normalen Lesenlernen auftreten, werden damit fast völlig vermieden. Der Zeilen- bzw. Seitenwechsel entfällt völlig. Da die Schrift auf ein bequem lesbares Maß vergrößert ist, fällt es auch leichter, den notwendigen gleichmäßigen Takt aufrechtzuerhalten. Durch die Vergrößerung wird außerdem der Blick auf das Wesentliche konzentriert, denn es haben nur wenige Buchstaben auf dem Bildschirm Platz. Da nach Abb. 1 die Schrittweite beim Beginn des Lesenlernens nur einen Buchstaben beträgt, folgt, daß diese Hilfe der Augenbewegung und das Beschränken auf das Wesentliche um so wirksamer sind, je früher damit begonnen wird.

3. Die Wirksamkeit von Leseförderungen mit der Gleitzeile

Im Rahmen seiner Arbeiten zur Ermittlung der Wirksamkeit von computerunterstützten Leseförderungen hat sich der ARBEITSKREIS LESE-

FÖRDERUNG frühzeitig auch mit der Ermittlung der Effizienz von gleitzeilen-unterstützter Leseförderung beschäftigt. An einer Grundschule wurden in Einzelförderung von der Schulleitung benannte leseschwache Kinder gefördert. Innerhalb von 4-6 Wochen gelang es, in täglichen Förderungen von 15 Minuten Dauer deutliche Lesefortschritte zu erzielen. Vier verschiedene Lehrkräfte führten die vier Förderkurse durch (Abb. 2).

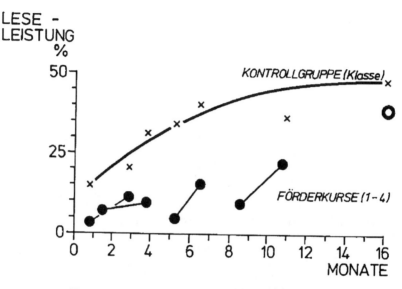

Abb. 2

Auf Anregung der Schulleitung wurde einige Monate nach Abschluß der Förderungen eine Nachuntersuchung aller geförderten Kinder durchgeführt. Man erkennt, daß sich auch ohne Förderung die Leseleistung sehr deutlich der Leseleistung der Kontrollgruppe, d.h. der nicht geförderten Klasse, angenähert hat. Die anfängergerechte Leseförderung wirkt demnach wie eine Initialzündung zur weiteren Verbesserung der Lesekenntnisse.
Ähnliche Versuche wurden auch in anderen Schultypen mit durchaus vergleichbarem Erfolg durchgeführt. Insbesondere an Schulen für Lern- bzw. Geistigbehinderte konnte eine geradezu begeisterte Akzeptanz der Lesehilfe durch die Kinder festgestellt werden.
Der Grund für die großen Erfolge liegt sicherlich auch darin begründet, daß Bewegung auf einen Betrachter einen unwiderstehlichen Reiz ausübt (Blick des Kaninchens auf die Schlange) und daß die Bewegung sehr einfach durch Knopfdruck gesteuert werden kann, vergleichbar etwa mit der Funktion einer Spieleisenbahn.

4. Technische Angaben zum TV-Lesegerät "RILEX"

RILEX ist ein mikroprozessor-gesteuertes, computerartiges Gerät, in dem mit einer patentierten Hardware die Bewegung (das Gleiten) des Textes besorgt wird. Eine Erstellung der Gleitzeile über eine reine Computer-Software Lösung ist zwar prinzipiell machbar, erfordert jedoch spezielle Grafikprozessoren und so viel Programmieraufwand, daß die erwähnte, reine Hardware-Lösung doch die preiswertere Variante ist.

Die Schrift kann in 3 - 16 cm Größe (auf einem Bildschirm mit 66 cm Diagonale) in drei verschiedenen Abständen der Buchstaben in einer Zeile dargestellt werden. Die Bewegung von rechts nach links wird in frei wählbarer Geschwindigkeit entweder durch Drücken von Knöpfen auf einer Fernbedienung oder durch Befehle, die über die Tastatur eingegeben werden, vorgegeben.

Eingabe der darzustellenden Texte in das Gerät erfolgt entweder über die Tastatur oder über die genormte V24 - (RS 232) Schnittstelle von beliebigen Computern (so auch preiswerten PC's mit denen die Texte über Textverarbeitungssysteme erstellt werden). Im Gerät befinden sich flüchtige und dauerhafte Textspeicher von je 8000 Zeichen Kapazität.

Eine frei programmierbare Tastatur gestattet es, für ganz verschiedene Anwendungszwecke eine dem jeweiligen Zweck angepaßte, benutzerfreundliche Tastenbelegung auszuwählen. Dadurch wird die Benutzung der Gebrauchsanleitung auf ein Mindestmaß begrenzt und man muß sich praktisch keine Bedienungsbefehle merken.

Ein wichtiger Zweck von Bedienungsbefehlen ist die Ein- und Ausgabe von Texten, die Wahl der den Lesekenntnissen angepaßten Darstellungsform und das rasche Positionieren des kleinen lesbaren Textausschnitts an die pädagogisch sinnvolle Textstelle.

Zur Übung können beliebige Texte verwendet werden. Die Hardware-Realisierung der Gleitzeile hat zudem den Vorteil, daß keine bestimmte Programmstruktur einzuhalten ist. So erreicht man eine große Vielseitigkeit im Einsatz des ausgewählten Textmaterials. Vorteilhaft kann auf pädagogisch ausgereifte, herkömmliche Methoden der Leseförderung zurückgegriffen werden. Eine lehrplangerechte Didaktik erfordert also keine Programmanpassung wie bei der Verwendung herkömmlicher Computerprogramme im schulischen Einsatz

5. Abbildungslegenden

Abb. 1
Entwicklung des Lesevorgangs bei Kindern (Daten nach S.E. Taylor 1965). Leseleistung in Wörtern pro Minute (WPM, ausgefüllte Kreise, linke Abszisse) und Sprungweite in Buchstaben pro Blickrichtungssprung (offene Kreise, rechte Abszisse) in Abhängigkeit vom Alter der Kinder. Man beachte den steilen Anstieg beider Kurven am Anfang des Leselernvorgangs mit einem durch Extrapolation zu gewinnenden Anfangsalter

von etwa 3,5 Jahren für 0 WPM und der zugehörigen Anfangs-Blicksprungweite von nur einem Buchstaben.

Abb. 2
Wirksamkeit von Leseförderungen an der Grundschule mit der Gleitzeile (Arbeit des ARBEITSKREIS LESEFÖRDERUNG). Die Leseleistung der einzeln geförderten Kinder aus der 2. Klasse ist in Prozent der Leseleistung Erwachsener (100 % = 150 WPM) aufgetragen gegen die Zeit in Monaten. In jedem der vier von unterschiedlichen Lehrkräften durchgeführten Förderkurse sind je vier Kinder täglich je etwa 15 Minuten gefördert worden. Die Kontrollgruppe ist die zugehörige Klasse, die nach der herkömmlichen Leselernmethode gearbeitet hat. Der einzelne fett umkreiste Punkt stellt den gemittelten Wert für die Lesegeschwindigkeit der mit der Gleitzeile geförderten Kinder dar, der einige Monate nach Abschluß der Leseförderungen gemessen wurde. Man beachte, daß nach Abschluß der Förderungen mit der Gleitzeile die Lesekenntnisse der Kinder ohne weitere Förderungen so zugenommen haben, daß der Leserückstand fast ganz aufgeholt wurde.

6. Literaturangaben

M. Buettner and C.C. Krischer: "Chracterization of gliding text as a reading stimulus." Bull. Psychonomic Soc. 23 (6) 479-482 (1985)

S.E. Taylor: "Eye movements in reading: facts and fallacies." Am. Educ. Res. J. 21 187-202 (1965)

Privatdozent Dr. C. Krischer
Institut für Biologische Informationsverarbeitung
Kernforschungsanlage Jülich GmbH
Postfach 1913
5170 Jülich

Renate Birgit Grebe
Entwicklung und Ausbau der Schreib-/Lesefertigkeit mit dem audio-visuellen Schreibaufbau-System (AUWIESEL)

1. Vorstellung des Projekts

Das audio-visuelle Schreibaufbau-System wurde ursprünglich für das schulinterne Projekt "computerunterstützter Unterricht an der Schule für Sprachbehinderte des Kreises Aachen" entwickelt. Seit ca. 4 Jahren beschäftigen wir uns mit Überlegungen, inwieweit ein geeignetes Computersystem verbunden mit spezieller Software unsere Schüler beim Erwerb der Schriftsprache unterstützen könnte.

Die besondere Problematik unserer Schüler liegt darin, daß die Sprachbehinderung in der Regel nicht nur durch eine isolierte Störung z.B. hinsichtlich der Artikulations- oder Satzbaufähigkeit gekennzeichnet ist, sondern kombiniert mit verschiedenen Teilleistungsstörungen unterschiedlicher Schweregrade ein Syndrom bildet. Häufig zeigen die Kinder schon bei der Einschulung ein starkes Fehlerbewußtsein, was sich u.a. auch in mangelndem Selbstwertgefühl ausdrücken kann. Sprachbehinderte Kinder benötigen mehr Zeit für den Lese-/Schreiblehrgang im Anfangsunterricht. Daher wird der Lernstoff des ersten Grundschuljahres an der Schule für Sprachbehinderte auf zwei Schuljahre verteilt, wodurch sich eine fünfjährige Verweildauer im Grundschulbereich ergibt.

Dennoch haben schwerwiegend und umfänglich sprachbehinderte Kinder immer noch große Probleme bei der Bewältigung der schriftsprachlichen Anforderungen in den Klassen 2 bis 4. Sie benötigen immer wieder korrekt artikulierte sprachliche Vorlagen und regelgemäß aufgebaute Satzmuster für ihre schriftsprachlichen Äußerungen.

Daher bestand die grundlegende Idee unseres Projektes darin, die Möglichkeiten der Textverarbeitung mit gesprochenen sprachlichen Vorlagen zu kombinieren und so den Schülern ein zusätzliches Lern- und Übungsmedium zu bieten. Dabei sollten sie zum einen unabhängig von einer korrekt vorsprechenden Person und zum anderen unabhängig von der sonst immer erforderlichen Fremdkontrolle - sei es durch Mitschüler, Lehrer oder Eltern - arbeiten können. Weiter sollte der Schüler jederzeit so oft wie nötig die Items abhören können. Items, bei denen Fehler gemacht wurden, sollten automatisch wiederholt werden. Das zu erstellende Programm sollte von der Erarbeitung von Einzellauten und Einzelbuchstaben bis zur Erarbeitung von Texten führen. Die Schreib-/Lesefertigkeit sollte also schrittweise unterstützt durch ein Computersystem aufgebaut werden. Innerhalb der vom Programm vorgegebenen Übungsformen sollte der Lehrer die Übungsinhalte jedoch inhaltlich den jeweiligen aktuellen unterrichtlichen Gegebenheiten anpassen können.

In der Anfangsphase stellte die Technik für die computergesteuerte Sprachausgabe das größte Problem dar. Ein vergleichbares Projekt

"Computerunterstütztes Rechtschreibtraining im englischen Anfangsunterricht" von Frau Dr. Schmid-Schönbein im Seminar für Englische Sprache an der RWTH Aachen (SCHMID-SCHÖNBEIN, 1985), verwendete zur Sprachausgabe einen computersteuerbaren Recorder. Diese Technik konnte auch für unser Projekt eingesetzt werden.
Die ersten Versionen des Schreibaufbau-Systems enthielten Übungen aus den Bereichen Erarbeiten von Einzelbuchstaben, Wiedererkennen von Einzelbuchstaben und Buchstabengruppen, Heraushören von Lauten im Wort, Wortlistentraining und Erarbeitung von Texten. Die auch ins Auge gefaßte Erarbeitung von Einzellauten sowie Übungen zur Lautsynthese ließen sich jedoch mit dem Recorder nicht verwirklichen, da die Suchlaufzeiten und die Abspieldauer bei einzelnen Lauten in einem zu krassen Mißverhältnis standen. Zudem stellte sich nach längerem Einsatz des Systems im Unterricht heraus, daß sich die Bandlänge der Kassetten allmählich veränderte. Damit war es trotz des Recorders mit großer Laufgenauigkeit nicht mehr möglich, die Aufnahmen mit der erforderlichen Sicherheit wieder aufzufinden und abzuspielen.
Erst durch die Arbeiten von Dr. Stachowiak (STACHOWIAK, 1985) und die dadurch auf dem Markt verfügbare Spracheingabe/-ausgabekarte für den Personalcomputer ergab sich die Möglichkeit, die natürliche Lautspracheingabe und -ausgabe ohne die oben beschriebenen Nachteile in das Schreibaufbau-System zu integrieren. Auf dem Speichermedium Diskette befinden sich nun sowohl die schriftsprachlichen als auch die zugehörigen lautsprachlichen Vorlagen. Durch die direkte Zugriffsmöglichkeit auf Einzelaufnahmen konnte damit begonnen werden, die Programmteile zur Erarbeitung von Einzellauten und zur Lautsynthese zu erstellen.
Alle Programme sind inzwischen an die Technik der Audiocard angepaßt worden. Wir sind zur Zeit dabei, auch unsere "Bibliothek" an Wortlisten und Texten von der Kassette auf Diskette umzustellen. Die Laut- und Silbenübungen liegen als Programm ebenfalls schon vor. Es bestehen aber noch Schwierigkeiten, die Einzellaute in ausreichender Qualität aufzunehmen, insbesondere auch unter dem Aspekt der damit zu demonstrierenden Lautsynthese.

2. Die Software "audio-visuelles Schreibaufbau-System"

Die Software des audio-visuellen Schreibaufbau-Systems besteht aus dem Schülerprogramm, dem Lehrerprogramm, einem Installationsprogramm, Dateien mit Buchstaben/Lauten, Buchstabenbildern, Wortlisten und Texten. Als erläuterndes Begleitmaterial ist ein Manual mit technischen, didaktischen und methodischen Informationen erstellt worden. Ein Info-Text sowie ein Anleitungstext zur Bedienung des Lehrerprogrammes liegen auf Diskette vor.

Das Schülerprogramm ist in vier Lernstufen untergliedert:

I. Erarbeiten von Einzellauten/Einzelbuchstaben
II. Erarbeiten von Laut-/Buchstabenkombinationen
III. Erarbeiten von Wörtern
IV. Erarbeiten von Texten

Auf allen Stufen werden folgende Übungsschwerpunkte angeboten:

a) Zuordnen

Buchstabe	- Tastendruck
Laut	- Tastendruck
Laut	- Buchstabe

b) Wiedererkennen

| Laut | - Buchstabe |
| Lautkomb. | - Buchstabenkomb. |

c) Verknüpfen

Laut	- Buchstabe	- Tastendruck
Lautfolge	- Buchstabenfolge	- Tastendruckfolge
Klangbild	- Wortbild	- Tastendruckfolge

d) Abrufen der benötigten Buchstaben aus dem Gedächtnis

Übungsformen und -inhalte vorangegangener Stufen werden in den folgenden wieder aufgegriffen. Die meisten Übungsformen sind sachlich ausgelegt, drei enthalten spielerische Elemente. Die akustischen Vorlagen können vom Schüler beliebig oft abgerufen werden. Schreibfehler werden grundsätzlich nicht auf dem Bildschirm ausgegeben, stattdessen ertönt ein Warnsignal. Bei mehr als zwei Fehlern im Wort erscheint eine optische Hilfe. Diejenigen Wörter bzw. Sätze, bei denen Fehler gemacht wurden, werden gespeichert und noch einmal dargeboten. Die Übungen für den Schüler enden erst nach vollständiger und korrekter Bearbeitung aller vorgesehenen Items. Die Arbeitsergebnisse werden auf dem Drucker protokolliert.

Der Lehrer legt den Übungsstoff sowohl quantitativ als auch qualitativ fest. Mit dem Lehrerprogramm werden neue Übungsinhalte (Buchstabenbilder, Wortlisten und/oder Texte) erstellt. Die im Schüler- und Lehrerprogramm möglichen Hauptauswahlen sind im Anhang aufgeführt.

3. Ergebnisse und Erfahrungen aus der Erprobungszeit in der Schule für Sprachbehinderte des Kreises Aachen (Klassen E bis 3/4)

Das audio-visuelle Schreibaufbau-System wird jetzt seit über 2 Jahren an der Schule für Sprachbehinderte des Kreises Aachen eingesetzt. Die

Schüler nutzen das zusätzliche Übungsangebot sehr gern. Immer mehr Lehrer unserer Schule setzen sich theoretisch und praktisch mit den Möglichkeiten, die das System zur Förderung der Schüler bietet, auseinander und erproben sowohl Organisationsformen für den computerunterstützten Unterricht als auch selbsterstellte Übungseinheiten nach eigenen inhaltlichen Vorstellungen.

3.1. Erprobung im Unterricht

Die Erprobung erfolgte mit den Teilen NR1, NR2, NR3 und NR4 des Schülerprogrammes (vgl. Anhang!) in vier unterschiedlichen Einsatzformen. Die Schüler benötigten zwischen 5 und 20 Minuten zur Bewältigung einer Übungseinheit am Computer.

3.1.1.

Das System wurde bei einem Schüler aus der Klasse 3/4 in der Einzelförderung zur Vorbereitung auf den gemeinsamen Klassenunterricht im Fach Sprache eingesetzt. Der Schüler verfügte weder über den laut- noch über den schriftsprachlichen Wortschatz, um ohne zusätzliche Hilfen erfolgreich an der gemeinsamen Erarbeitung der Unterrichtsinhalte teilzunehmen.

3.1.2.

In einer Klasse 2 wurde das System mit allen Schülern im coumputerunterstützten Förderunterricht eine Doppelstunde pro Woche erprobt. Der Computer befand sich im Arbeitsraum. Aus dem allgemeinen Sprachunterricht wurden Teilaspekte wie Wortarten, bestimmte Lautverbindungen und deren Buchstabenentsprechungen usw. herausgegriffen. Der Lehrer bereitete den Unterricht vor, indem er Wortlisten oder Texte einschließlich speziell zu übender Wörter für das Schreibaufbau-System erstellte und zum anderen verschiedene inhaltlich passende weitere Arbeitsaufträge für die Lerngruppe entwarf (z.B. Anwendung des Gelernten in einem anderen Kontext auf dem Arbeitsblatt, Arbeit mit Wörterbüchern, kleinen Texten usw.). Der Lehrer traf zusammen mit dem ersten Schüler die notwendigen Auswahlen am System und führte - wenn nötig - in die Arbeitsweise ein. Von da ab arbeiteten die Schüler selbständig und gaben die nötigen Informationen an den jeweils folgenden weiter. Einige Kinder bearbeiteten auch zu zweit die Übungseinheit am Computer.
In dieser Gruppe fiel besonders auf, daß sich der sachliche und weitgehend vom Lehrer unabhängige Umgang mit dem Medium Computer auch auf die Arbeitsweise in der Lerngruppe allgemein positiv auswirkte. Alle Schüler arbeiteten in dieser Doppelstunde durchgängig sachorientierter und selbständiger als im übrigen Unterricht.

3.1.3.

In einer anderen Klasse 2 wurde das System zur Einzelförderung in der akustischen Wahrnehmung und im Schreiben nach Diktat bzw. aus der Vorstellung eingesetzt. An dieser Förderung nahmen 6 Schüler ein Jahr lang einmal pro Woche teil. Hier arbeiteten die Schüler meist allein in einem Extraraum, während der Lehrer mit der Lerngruppe im Klassenraum andere sonderpädagogische Maßnahmen durchführte.
Aus dieser Gruppe liegen nach Abschluß der Fördermaßnahme Testergebnisse (DRT 2) vor. Demnach haben die größten Fortschritte die drei massiv artikulationsgestörten Kinder erzielt. Während sie zu Beginn des Schuljahres beim Diktatschreiben weitestgehend versagten, erzielten sie beim Klassentest am Ende des Schuljahres durchschnittliche, in einem Fall ein überdurchschnittliches Ergebnis. Der geringste relative Fortschritt war bei der Schülerin festzustellen, die ohnehin nur geringe Schreibschwierigkeiten hatte, obwohl diese anspruchsvollere Arbeiten auf dem Computer durchgeführt hatte als die anderen.

3.1.4.

Bei Schülern aus den Klassen E, 1 und 2 wurde das System in der Einzelförderung nach Bedarf zu speziellen Bereichen in Lehrgangsform von unterschiedlicher Dauer als sonderpädagogische Maßnahme (z.B. Buchstaben wiedererkennen, Laute im Wort heraushören oder Wortlistentraining mit aus der Stammlertherapie entnommenen Übungswörtern) erprobt.

3.2. Erfahrungen und Ergebnisse

Das Schreibaufbau-System ermöglicht es den Schülern, selbständig in individuellem Tempo einen sprachlichen Inhalt zu erarbeiten. Der Protokollausdruck, der nicht vor der korrekten Abarbeitung aller Items ausgegeben wird und somit ohne Tipp- oder Schreibfehler erscheint, ist für die Kinder sehr wichtig. Sie erleben, daß sie - entgegen ihren üblichen Erfahrungen mit der Schriftsprache - richtig schreiben können.
Die Hilfen, die der Computer gibt, werden nicht als Korrektur von Fehlverhalten gewertet, sondern als Arbeitsmittel zur Erreichung eines Zieles. Sobald sie mit den Übungsmöglichkeiten vertraut sind, versuchen sie immer, selbständig die Lösung zu finden bzw. das Item entsprechend ihrer Vorstellung richtig zu schreiben. Erst wenn dies nicht gelingt, nehmen sie die Hilfen, die der Computer bietet, in Anspruch. Bei den Wort- und Satz- bzw. Textübungen werden diejenigen Items solange vom System wiederholt dargeboten, bis alle Eingaben durch den Schüler korrekt erfolgten. Dieses Ziel wollen auch die Schüler erreichen. Sie arbeiten lieber die Pause durch, als die Übung zu unterbrechen oder gar abzubrechen.
Die Bedienung der Tastatur bereitet kaum Schwierigkeiten. Schon die Kinder im ersten Schuljahr finden sich sehr schnell auf der Tastatur einschließlich der Großbuchstabenumschaltung zurecht. Allen Kindern macht es Spaß, auf der Tastatur zu schreiben, auch wenn dies am Anfang

länger als handschriftlich dauert. Viele arbeiten daher mit einer Ausdauer an einer Wortliste oder an einem Text, die sie im regulären Unterricht nicht aufzubringen vermögen.
Bei kontinuierlicher Arbeit mit dem Schreibaufbau-System - sei es regelmäßig einmal pro Woche im Schuljahr oder 3 mal pro Woche für ein oder 2 Monate - schaffen die Schüler den Transfer und wenden das Gelernte in der Klassen-Lernsituation an. Eine Ausnahme hiervon bilden diejenigen Schüler, bei denen neben der Sprachbehinderung noch weitere schwerwiegende Behinderungsformen vorliegen und die unsere Schule daher nur vorübergehend besuchen. Diese Kinder können zwar z.B. Buchstaben oder Mengen und Ziffern auf dem Computer korrekt eingeben, was ihnen ohne dieses Medium nicht möglich ist. Ein Transfer dieser Fähigkeiten in den Unterrichtsalltag gelang ihnen jedoch im Rahmen dieser Erprobung nicht.
Besonders bewährt hat sich der Einsatz des Systems bei uns bisher für folgende Schüler:

- Kinder mit ausgeprägten Merkschwächen, wenn der Übungsbedarf weit über dem Klassendurchschnitt liegt.

- Kinder, denen das Arbeitstempo im Klassenverband häufig nicht entspricht.

- Kinder, denen aufgrund einer stark verlangsamten Arbeitsweise die notwendige Übung im Lesen und Schreiben fehlt.

- Kinder mit geringem Selbstwertgefühl. Diese meinen nach kurzer Zeit, den Computer zu beherrschen, und trauen sich immer mehr Aufgaben zu. Diesen Zuwachs an Selbstvertrauen zeigen sie dann auch in ihrer Lerngruppe.

- Kinder, die aufgrund ihrer Artikulationsstörung oder expressiven Sprachstörung im Klassenverband nicht oder kaum am allgemeinen lauten Lesen teilnehmen und denen daher die Routine fehlt. Diese Kinder fangen von sich aus an, bei der Arbeit am Computer das Geschriebene mitzulesen und dabei korrekt zu artikulieren.

- Kinder, denen aufgrund von Krankheit oder mangelnder Deutschkenntnisse partiell Voraussetzungen zur erfolgreichen Mitarbeit im Klassenverband fehlen.

- Kinder mit überhasteter Arbeitsweise und daraus folgenden Buchstabenauslassungen bzw. Umstellungen beim Schreiben sowie ungenauer Erfassung der Leseinhalte. Diese finden allmählich zu kontinuierlich aufeinanderfolgenden Arbeitsschritten.

- Kinder, die auf Kleingruppenarbeit oder zusätzliche Einzelförderung angewiesen sind, um im Klassenverband auf dem laufenden zu bleiben.

- Kinder ab Klasse 2 mit Defiziten aus dem Anfangsunterricht im Lesen und Schreiben.
- Kinder mit gravierenden Teilleistungsschwächen (z.B. Orientierungsschwächen, mangelnder Aufnahme von akustisch gebotenen Inhalten, geringer optischer Differenzierungsfähigkeit usw.).

Diese noch weitgehend subjektiven Erfahrungen aus der Unterrichtspraxis, die sicher noch nicht alle Facetten abdecken, zeigen aber doch schon, daß das audio-visuelle Schreibaufbau-System einen wichtigen - über die Möglichkeiten anderer Unterrichtsmedien hinausgehenden - Beitrag zur Förderung von sprachbehinderten Kindern in Grundschulbereich leisten kann. Voraussetzung dafür ist natürlich, wie bei jedem anderen Medium auch, daß der Lehrer sich überlegt, welches Lernziel er bei welchem Schüler erreichen will, dementsprechend die Übungsform auswählt und bei Bedarf entsprechende Übungsinhalte für das Schreibaufbau-System erstellt.

3.3. Weitere Einsatzmöglichkeiten

Unser ursprüngliches Ziel war, für sprachbehinderte Kinder ein geeignetes zusätzliches Förderungsmittel beim Erwerb der Schriftsprache unter Einbeziehung der Möglichkeiten eines um lautsprachliche Vorlagen erweiterten Computersystems zu bieten. Darüberhinaus eignet sich das System generell zur Förderung im sprachlichen Bereich: Bei lese-schreibschwachen Kindern in der Grund- und Hauptschule sowie in der Schule für Lernbehinderte, bei Kindern mit anderer Muttersprache, zur speziellen Legastheniker-Förderung, in der Rehabilitation und in Alphabetisierungsprojekten für Erwachsene.

4. Zusammenarbeit zwischen Schule und Wissenschaft

Eine wissenschaftliche Überprüfung der mit dem Schreibaufbau-System zu erreichenden Effektivität - sowohl behinderungsspezifisch als auch gegenüber anderen Unterrichtsverfahren und Fördertechniken - ist wünschenswert, kann aber nicht von unserer Schule geleistet werden. Daher versuchen wir, geeignete Personen oder Institutionen für diese Aufgabe zu interessieren. Eine erste Examensarbeit, die sich mit der Einsetzbarkeit und dem Nutzen des Systems in der Schule für Lernbehinderte beschäftigt, ist gerade abgeschlossen worden. Die durchweg positiven Ergebnisse sollen demnächst veröffentlicht werden. Eine weitere Examensarbeit zum Thema computerunterstützter Sprach-Unterricht in den unteren Klassen der Schule für Sprachbehinderte beginnt gerade.
Hinsichtlich der Sprachdidaktik, der Lernpsychologie und der besonderen Anforderungen in Rehabilitationseinrichtungen versuchen wir, über Kontakte zu den entsprechenden Instituten die Qualität der Software und damit den möglichen Nutzeffekt für die Schüler zu steigern.

5. Literatur

Schmid-Schönbein, G.: Computerunterstütztes Rechtschreibtraining im englischen Anfangsunterricht. Ms. Aachen 1985

Stachowiak, F.J.: Mikroelektronisches Sprachtherapiesystem. Projektbeschreibung 1985

Stachowiak, F.J.: Standardisierung sprachtherapeutischer Hard- und Software, Protokoll des Arbeitstreffens September 1986

Anhang
audio-visuelles Schreibaufbau-System

MENUE-AUSWAHL	PROGRAMM-NAME
1 - Schülerprogramm	BEGINN
2 - Lehrerprogramm	
3 - Informationen lesen und drucken	
4 - Systemeinrichtung verändern	

Schülerprogramm:
1 - mit Buchstaben und Lauten arbeiten
   1 - Buchstaben schreiben   NR1
      1 - Fingerübung
      2 - Schreibübung
      3 - Buchstaben fangen

   2 - Buchstaben suchen   NR2

   3 - Laute hören, Buchstaben schreiben   NR1LAUTE
      1 - Laut hören, sehen und schreiben
      2 - Laut hören und Buchstaben suchen
      3 - Laut hören und schreiben

2 - mit Silben arbeiten   NR2SILBE
   1 - geordnete Silben
      1 - Laute verbinden
      2 - Silben hören, sehen und schreiben
      3 - Silben hören und suchen
      4 - Silben hören und schreiben
   2 - gemischte Silben
      1 - Laute verbinden
      2 - Silben hören, sehen und schreiben
      3 - Silben hören und suchen
      4 - Silben hören und schreiben

3 - mit Wörtern arbeiten   NR3
    1 - Laute hören
    2 - Laute hören - Buchstaben zuordnen
    3 - Wörter hören, sehen und schreiben
    4 - Wörter hören und suchen
    5 - Wörter hören und schreiben

4 - Texte erarbeiten NR4
    1 - Text hören und sehen, schwierige Wörter erarbeiten
    2 - Lautgruppen in Wörtern suchen
    3 - Wörter hören und schreiben
    4 - Lückentext ausfüllen
    5 - Sätze hören und schreiben
    6 - Test

Lehrerprogramm:
1 - Anweisungen lesen und ausdrucken

2 - Wortlisten und Texte erstellen, lesen oder   UP2
    drucken, Vokaldateien aufnehmen oder abhören
    1 - neuen Arbeitstext erstellen: eintippen, aufnehmen,
        auf Diskette speichern
    2 - Wortlisten erstellen
    3 - Datei von der Diskette lesen und auf dem Bildschirm
        zeigen
    4 - Datei von der Diskette lesen und drucken
    5 - Datei von der Diskette lesen und abhören
    6 - Einzelne Vokal-Dateien aufnehmen oder abhören

3 - Buchstabenbilder erstellen, lesen oder drucken   BILDER
    1 - Anweisungen zur Bilderstellung lesen
    2 - Buchstabenbilder erstellen und auf Diskette speichern
    3 - Bild-Datei von der Diskette lesen und auf dem Bildschirm
        zeigen
    4 - Bild-Datei von der Diskette lesen und drucken

Renate Birgitt Grebe
Sonderschullehrerin
Schule für Sprachbehinderte des Kreises Aachen
Grabenstraße
5112 Baesweiler

Tina Detheridge
CONCEPT KEYBOARD and WORD PROCESSING for children with learning difficulties.

In England we have been using word processors extensively with junior aged children as a part of their language development work. Increasingly we are able to see that this has wide benefits.
A recent study carried out at The Advisory Centre for Microtechnology in Education, Hatfield, examined the use of word processing, and the effect it had on the creative writing for 7-11 year olds in a number of schools in Hertfordshire. This study was carried out by Gill Dunstan.
The following is an extract from a summary of her report:
"There is evidence that a word processor helps children's writing in three main ways:

1. Writing on a screen enables children:
   - to expand work or make it more concise without having to rewrite the entire piece,
   - to correct their mistakes more easily without making the work untidy,
   - to feel that their mistakes are neither a disaster, nor recorded permanently against them,
   - to recognise their mistakes more easily,
   - to see text moving in front o their eyes which encourages them to re-read their own writing.

2. Printouts enable children:
   - to take a pride in the appearance of their work,
   - to use the layout of their work to reflect the meaning,
   - to become more conscious of their readers because they can offer work to a wider audience,
   - to see themselves as writers because their work looks more adult.

3. A word processor enables children:
   - to engage in valuable discussion concerning their writing,
   - to experiment and explore the writing process,
   - to work more autonomously,
   - to learn to work collaboratively."

Many children, especially those with learning difficulties, have difficulty with their fine motor control. This is reflected in handwriting difficulties. Whilst they are learning to develop their handwriting, which may take some years, the process of writing, and therefore the process of handling written language is handicapped. Some children, no matter how hard they try, seem unable to produce work that looks good and gives them satisfaction. This can lead to frustration, it can de-motivate the child, and can sometimes lead to a downward spiral of lowering interest in work, poor behaviour, and decreasing effort.

A word processor allows that child to correct their mistakes without having to re-write the whole text, to review and consider the work, and finally to print out a study that is well presented, easily readable, from which they can gain a sense of achievement and satisfaction.

This is not to advocate that children should not develop the skills of handwriting. It is simply to allow the separation of skills of fine motor coordination and handwriting, from those of understanding and handling written language. It means that a child need no longer be hampered in the expression of their own natural language while they are learning some other difficult skills.

The use of a wordprocess on its own, however still requires the child to have mastered complex syntax and spelling rules. There is one device, that can be used in conjunction with a word processor, to enable children at a lower stage of development to still participate in the excitement of creative writing. This device is called a CONCEPT KEYBOARD.

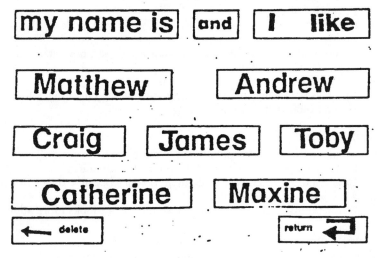

Fig. a

The Concept Keyboard

The concept keyboard is a large flat touch sensitive board that can be used as an alternative input to the standard QWERTY keyboard. The board is divided into 128 small areas. These areas can be "programmed" through a software interface programm to generate strings of characters. When an area on the board is pressed, the characters assigned to it will be sent to the word processor, and thus to the screen, as though they had been typed in individually from the keys. This allows groups of words or even phrases to be "typed" at a single press. The small areas can be grouped together to make larger areas, and areas can be left unprogrammed. A sheet of paper is laid on top of this board outlining the areas and the messages attached to them. In this way very simple ideas, and simple language structures can be offered to young beginner writers.

The following examples show a simple typical presentation. Example (a) introduces the child to simple sentence structure using some of the first words they will be able to read - their own names. Example (b) uses symbols to demonstrate the meaning of the words. In this way reading and writing can be developed simultaneously.

Fig. b

The paper is called an "overlay". The file that is made to go with an overlay, that describes the assigned messages to the word processor, is called the overlay file. The paper is prepared by hand, and can contain whatever is appropriate, including pictures or illustrations as well as plain text. The output to the screen can contain any characters that are generated from the main keyboard. In example (c) pictures are used to help the child describe the weather.

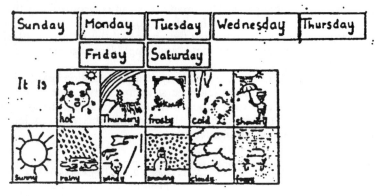

Fig. c

This and the overlay next to it (d) are part of a group of overlays used by a class of children with learning difficulties to write about their day.

Fig. d

These children are quite unable to handwrite clearly and fast enough to put down these ideas before losing concentration. It allows them to practice sorting and ordering their ideas, stimulate memory, and develop reading skills through creating their own texts to read.

Some children with learning difficulties, although able to spell and create their own words, find the upper case letters on the qwerty keyboard both confusing and difficult to manage. For this situation an alternative set of characters can be displayed on the concept keyboard. These overlays (e, f) illustrate two such layouts.

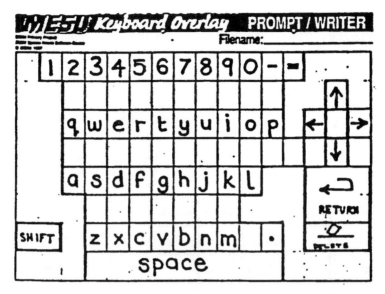

Fig. e

Fig. f

Another use of the overlays is with foreign language work. Pictures and foreign text on the overlay can help children who are learning to write in a language that is foreign to them, either as immigrants, or in second language teaching. The concept keyboard is an alternative input device that works in parallel with the standard keyboard. This means that either device can be used at any time. Children may start by using the concept board alone, but can quickly progress to a stage where words with which they are familiar can be typed in full in the normal way, reserving the use of the concept keyboard for new, difficult and specialised words. The example (g) shows an overlay made for a child in a mainstream secondary natural science class who has moderate learning difficulties.

PROMPT / WRITER								
				Lifecyc				
plant	seed	grows	flowers	insects	pollinate	ripen	fall off	
animal		born	grows	makes	babies	old	dies	
each		follows	same		pattern	cycle	group	
birth		growth		reproduction		death		
male	cell	female	join	sperm	fertilizes	egg		
from	mother	father	inherit	characterishcs				
hair	skin	eyes	tall	short	thin	colour	individual	

Fig. g

His difficulties prevented him keeping up with the others in his class becouse he had to keep looking up all of the topic words, was slow at writing and was not always able to remember all the things he had to write about. Use of the word processor allowed him to speed up his work and correct his mistakes. The overlay allowed him access to the new words whilst he was learning them. It also served as a reminder of some of the ideas that he was trying to write about.
It is very quick and easy for any teacher to make these files, and the overlay papers can be kept quite simple. Which means that it is quite practical to make new overlays for each topic, or progressive overlays for a single topic for use as skills improve.
The last examples show applications for older children with more severe learning difficulties. The illustration of the electric plug (i) allows the student to describe their understanding of how to wire a plug without having language misunderstandings getting in the way.

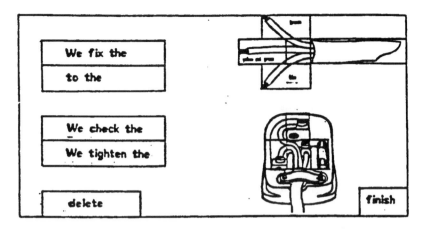

Fig. h

The last example presents a simple addition sum in a relevant and attractive way. The overlay shown the "menu" from a fast food store. When the "order" is entered it appears as a bill, with the prices. When the total areas is pressed the "bill" is printed on paper, with total lines, ready for the student to fill in the sum.

Fig. i

Use of the concept keyboard is limited only by the imagination. It frees children with a range of difficulties from irrelevant problems giving them control over their own work and encouraging a feeling of success. There are many other programs that use the concept keyboard that extend these aspects further, but the simple application with a word processor provides a very powerful tool for encouragement to children with learning difficulties, on the road to understanding written language.

We have been using the concept keyboard with the BBC computers and either one of two word processors: Prompt/writer or Folio. These word processors have built in editors for creating overlay files, and also display double sized letters on screen. However there is now an interface available with an editor, that allows the concept keyboard to be used with the IBM range of machines. At present we do not know of a similar large size text word processor for the IBM, but this will not prevent its use with normal wordprocessing.

The IBM interface and editor are supplied by Mtec Computer Services, at a cost of £ 95.00. The Concept Keyboard is supplied by A & B Marketing (UK) Ltd, and costs £ 135.00.

Tina Detheridge
London

Rita Huppertz & Johannes Stoffers
Die dritte Chance? Gezielte Leseförderung erwachsener Analphabeten mit der Gleitzeile.
(Forschungsbericht über den Einsatz der Gleitzeile in der Arbeit mit deutschsprachigen, erwachsenen Analphabeten.)

1. Allgemeine Problemstellung

Die Zahl sogenannter funktionaler Analphabeten in der Bundesrepublik Deutschland wird - an internationalen Zahlen gemessen - auf 1 - 5 % der Bevölkerung geschätzt, eine Zahl zwischen 600.000 - 3 Millionen. Funktionale Analphabeten, das sind Mitbürger und Mitbürgerinnen, die - auch nach langjährigem Schulbesuch - die Schule ohne oder ohne ausreichende Kenntnisse des Lesens und/oder Schreibens verlassen haben. (vgl. z.B. DRECOLL/MÜLLER 1981, GIESE 1983, KAMPER 1990.)

Für betroffene Erwachsene, die Lesen und Schreiben lernen wollen, gelten in der Regel dieselben Aneignungsprozesse wie für Kinder. Für ihren Lese- und Schreiblernprozeß benötigten sie allerdings mehr Zeit als Schüler im 1. und 2. Schuljahr, was die unterschiedlichsten Gründe hat (EHLING 1981, KAMPER 1990.)

Aufgrund der besonders schwierigen Lernsituation dieser Erwachsenen sollte überprüft werden, wie ihr Lese- und Schreiblernprozeß unterstützt, erleichtert und verkürzt werden kann.

Dies gilt auch für den Einsatz computerunterstützter Lern- und Lehrmedien.

In den hierzulande angebotenen Alphabetisierungskursen für Erwachsene ist der Einsatz computerunterstützter Medien beim Lesen- und Schreibenlernen eher die Ausnahme. Untersuchungen über die Effektivität eines Einsatzes dieser Medien im Unterricht mit Erwachsenen liegen nicht vor. (Diese Aussage gilt leider auch für die Anwendung der unterschiedlichen Lese- und Schreiblern-Methoden in der Alphabetisierungsarbeit.)

Im Rahmen eines Alphabetisierungsprojekts, das am Germanistischen Institut der RWTH-Aachen in Kooperation mit der VHS-Aachen durchgeführt wurde, konnte mit Unterstützung des Ministeriums für Wissenschaft (NRW) und des Forschungszentrums Jülich der Einsatz der computerunterstützten Gleitzeile in der Alphabetisierungsarbeit erprobt werden.

2. Die computerunterstützte Gleitzeile

Die wenigen bekannten Software-Programme zum Lesen- und Schreibenlernen sind Schreib- bzw. Rechtschreib-Programme, die Lesefähigkeit schon voraussetzen. Sie sind eher für weiter fortgeschrittene Kursteilnehmer geeignet.

Die am Forschungszentrum Jülich entwickelte computerunterstützte Gleitzeile ist eine neuartige Form der Textdarbietung, die den durch das

Gleiten ausgelösten - physiologischen - Reiz auf das Auge für das Lesenlernen bzw. eine Verbesserung der Leseleistung nutzt.
Die Augenbewegung beim Lesen des dargebotenen Gleittextes ist dem optokinetischen Nystagmus ähnlich, der z.b. auftritt, wenn ein feststehender Gegenstand vom fahrenden Zug aus betrachtet wird (Folgebewegung); nach dem Zurückschnellen der Augen kann dann ein neuer Gegenstand fixiert werden usw.[1]
Über den rein physiologischen Reiz hinaus bietet das Lesegerät aber noch weitere Vorteile für das individuelle Lernen:

- Die Aufmerksamkeit des Lesers wird auf ein Textfenster gelenkt, dessen Größe seinem Lesevermögen entspricht.
- Die Geschwindigkeit der Gleitzeile, der Abstand und die Größe der Buchstaben können der Lesefähigkeit des Lerners angepaßt werden.
- Die Lesegeschwindigkeit kann gemessen und als motivierender Impuls eingesetzt werden.
- Das Lesefenster begrenzt die Zahl der auf dem Bildschirm sichtbaren Zeichen, was den Aufbau der grundlegenden Strategie des synthetischen Lesens unterstützt.
- Die gleitende Endloszeile ohne Zeilensuche begünstigt einen gleichmäßigen Lesefluß.
- Eine Demotivierung durch einen evtl. zu großen Textvorrat ist nicht möglich, da der gespeicherte Text nicht sichtbar ist.

Als motivierendes Element nicht zu unterschätzen ist darüber hinaus die Faszination der Medien Fernsehen und Computer in unserer Gesellschaft.
Die computerunterstützte Gleitzeile ist ein neuartiges Lehr- und Lernmedium und keine neue Lehrmethode. Sie erleichtert den Erwerb der für das Lesen grundlegenden Fähigkeit zur Synthese einzelner Buchstaben und Buchstaben-Cluster zu Wörtern.
Sie stützt sich weder auf eine herkömmliche Lesetheorie noch auf ein didaktisch aufbereitetes Lesewerk.
Ihre Vorzüge liegen in der Möglichkeit einer rationellen und ökonomischen Lese- und Leselernförderung.
In Abb. 1 sind die uns zur Verfügung stehenden Möglichkeiten bei der Arbeit mit dem Lesegerät schematisch und textlich dargestellt.

---

[1] Genauere Erläuterungen hierzu - im Zusammenhang mit der computerunterstützten Gleitzeile - sowie ein Vergleich der Augenbewegungen bei stehendem und gleitendem Text sind dem Artikel von Büttner/Krischer/Meisen "Characterization of gliding text as a reading stimulus" zu entnehmen (vgl. Büttner/Krischer/Meisen 1986).

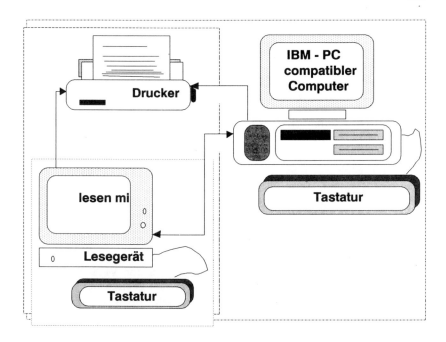

Arbeitsvarianten:

1. Ein Text wird mittels Tastatur in den Arbeitsspeicher des Lesegeräts eingeschrieben und in einem der Festspeicher abgelegt. Zur Leseförderung wird der gespeicherte Text in den Arbeitsspeicher gerufen und kann in Form der Gleitzeile gelesen werden. (...................)

2. Die im Arbeits- oder Festspeicher vorhandenen Texte können direkt über einen Drucker ausgedruckt werden. (----------------)

3. Bei Vernetzung des Lesegerätes mit einem Personal Computer PC können auf dem PC erstellte Texte in den Arbeitsspeicher des Lesegerätes überspielt und über die Gleitzeile gelesen werden. In den Speichern des Lesegerätes vorhandene Texte können auf den PC überspielt und als Dateien gesichert werden. Ein Ausdruck der Texte über einen angeschlossenen Drucker ist sowohl vom PC als auch vom Lesegerät aus möglich. Der PC bietet wesentlich mehr Variationen für die Textgestaltung an. (----------)

Abb. 1: Arbeitsmöglichkeiten mit der Gleitzeile

3. Projektbeschreibung

3.1 Zielsetzung

Die Untersuchung hatte die Aufgabe, die Akzeptanz und die Effektivität der computerunterstützten Gleitzeile in der Arbeit mit funktionalen Analphabeten zu überprüfen.
Es galt festzustellen:

1. Wird die Arbeit mit neuen Medien von Teilnehmern an Alphabetisierungskursen abgelehnt oder als positiv angenommen?
2. Ist bei Teilnehmern, die unterstützend zum normalen Unterricht mit der Gleitzeile gefördert werden, ein größerer Lernfortschritt in bezug auf das Lesen festzustellen als bei nicht geförderten.

3.2 Rahmenbedingungen

Die empirische Untersuchung sollte in dem von der VHS-Aachen und dem Germanistischen Institut der RWTH-Aachen gemeinsam getragenen zweijährigen "Vollzeitprojekt für arbeitslose jugendliche und erwachsene Analphabeten" durchgeführt werden.
In diesem Projekt wurden - aufgeteilt in vier verschiedene Leistungsgruppen - den Teilnehmern an fünf Tagen der Woche jeweils sechs Unterrichtsstunden angeboten. Neben Lesen und Schreiben wurden weitere Elementarkenntnisse wie Rechnen, Sozialkunde und Geschichte vermittelt.
Zur Zeit der Antragstellung nicht vorhersehbare Umstände veränderten die Planung der empirischen Untersuchung:

- Die späte Bewilligung des Forschungsprojekts halbierte den geplanten Zeitrahmen.
- Die Teilnehmerzahl gegen Ende des Vollzeit-Projekts war kleiner als erwartet.
- Die Teilnahme am Unterricht war gegen Ende des Vollzeit-Projekts unregelmäßiger als vorher.

Das bedeutete konkret, daß wesentlich weniger Teilnehmer in einem erheblich kürzeren Zeitrahmen als geplant gefördert werden konnten. Statt der geplanten 11 Monate verblieben 5 Monate als Untersuchungszeitraum im Vollzeit-Projekt.
Um diese Einschränkung wenigstens teilweise aufzufangen, wurde eine fortgeschrittene Teilnehmergruppe aus Abendkursen in die Untersuchung miteinbezogen.
Die Situation der Abendkursteilnehmer unterschied sich von der der Tageskursteilnehmer in zwei wichtigen Punkten:

1. Sie waren alle in einer finanziell und sozial abgesicherten Position.

2. Sie hatten nur zweimal pro Woche jeweils zwei Unterrichtsstunden.

3.3 Teilnehmer an der Untersuchung (Stichprobe)

Anders als bei empirischen Untersuchungen mit Schülern konnten bei dieser Untersuchung keine vergleichenden Daten aus einer großen Gesamtstichprobe erhoben werden. Dies hatte folgende Gründe:

1. In der Alphabetisierungsarbeit gibt es keine unseren Schulklassen entsprechende Leistungsstufen. Das Leistungsspektrum in sogenannten Anfänger- oder Fortgeschrittenen-Gruppen ist wesentlich breiter als in einer Klassenstufe.
2. Die Teilnehmer von Alphabetisierungskursen haben häufig schlechte Erfahrungen mit Tests und Testern gemacht und lehnen häufig die Teilnahme an einer Untersuchung ab.
3. Die Kursleiter von Alphabetisierungskursen lehnen es in der Regel aus pädagogischen oder anderen Gründen ab, ihre Teilnehmer für solche Untersuchungen zu gewinnen.

Für die Untersuchung standen insgesamt 20 Personen zur Verfügung, also keine repräsentative Stichprobe gemessen an der großen Zahl funktionaler Analphabeten.

Die Gruppe der geförderten Anfänger bestand aus fünf Personen. Sie waren alle Teilnehmer des Tageskurses. Es waren vier Männer und eine Frau, ihr Alter lag zwischen 25 und 45 Jahren.

Die Gruppe der geförderten Fortgeschrittenen bestand aus 15 Personen. Acht Teilnehmer kamen aus dem Tageskurs (drei Frauen und fünf Männer zwischen 20 und 44 Jahren), sieben Teilnehmer kamen aus dem Abendkurs (eine Frau und sechs Männer zwischen 21 und 66 Jahren).

Wegen des heterogenen Leistungsstandes der einzelnen Teilnehmer und der Größe der Stichprobe, konnten keine klassische Kontrollgruppen gebildet werden.

Für die Gruppe der geförderten Anfänger wurde - auch aus pädagogischen Gründen - auf eine Kontroll-Gruppe verzichtet.

Für die Gruppe der geförderten Fortgeschrittenen wurde eine Alternative zur Kontrollgruppe gefunden.

3.4 Arbeitshypothesen

Unter den gegebenen Rahmenbedingungen konnten für die Untersuchung folgende Arbeitshypothesen aufgestellt und überprüft werden:

Hypothese 1 (alle)

Die computerunterstützte Gleitzeile wird von Teilnehmern an Alphabetisierungskursen als neues Lernmedium angenommen.

Hypothese 2 (Fortgeschrittene)
Nach einer Unterrichtssequenz mit integrierter Förderung mittels Gleitzeile machen Teilnehmer deutlich weniger Verlesungen bezogen auf den vorangehenden Testzeitpunkt als nach einer Unterrichtssequenz ohne integrierte Förderung.

Hypothese 3 (Fortgeschrittene)
Nach einer Unterrichtssequenz mit integrierter Förderung mittels Gleitzeile lesen Teilnehmer deutlich schneller bezogen auf den vorangehenden Testzeitpunkt als nach einer Unterrichtssequenz ohne integrierte Förderung.

4. Die Untersuchung

Die Untersuchungen in der Anfänger- und Fortgeschrittenen-Gruppe wurden - bedingt durch die angegebenen Rahmenbedingungen - nach unterschiedlichen Konzepten und mit anderen Zielsetzungen durchgeführt.

4.1 Förderung von Lese- und Schreibanfängern mit der Gleitzeile

In der Anfängergruppe wurde mit fünf Teilnehmern gearbeitet, die keine oder nur sehr unzureichende Lese- und Schreibkenntnissse hatten. Keiner der Teilnehmer kannte alle Buchstaben, alle hatten große Schwierigkeiten bei der Lautsynthese. Nur wenige, kurze Wörter aus der Alltagssprache waren ganzheitlich bekannt (vgl. Abb. 2 a/b).
Die Voraussetzungen für den Lese- und Schreiblernprozeß waren bei jedem Teilnehmer anders. Im sprech-sprachlichen Verhalten, in den Konzentrations- und Gedächtnisleistungen, bei den Lesestrategien sowie bei der Lernmotivation und -ausdauer bestanden große Unterschiede zwischen den einzelnen Teilnehmern.
Aus verschiedenen privaten und beruflichen Gründen war die Fluktuation innerhalb des Kurses sehr groß. Von zehn Teilnehmern, die den Förderunterricht begannen, konnten nur fünf über einen längeren Zeitraum gefördert werden.
Bei der Planung und Durchführung des Förderunterrichts wurden verschiedene Variablen berücksichtigt, die den individuellen Leselernvorgang beeinflussen können:

- Erfahrungen des Teilnehmers mit bestimmten Leselehrmethoden in der Schulzeit,
- Interessen und Motivation des Teilnehmers,
- Sprachverhalten (Dialekt, Sprachstörungen, Wortschatz),
- Leseprobleme des Teilnehmers,
- inhaltliche und methodische Absprachen mit dem/der Weiterbildungslehrer/in, der/die den Unterricht leitete.

Darüber hinaus wurden mit allen Teilnehmern der Anfängergruppe strukturierte Gespräche geführt. Zweck dieser Gespräch war es, Informationen über die Lernbiographie jedes einzelnen Teilnehmers zu erhalten, die bei den methodisch-didaktischen Überlegungen für die individuelle Förderung des Teilnehmers berücksichtigt wurden.

4.1.1 Zielsetzung und methodischer Aufbau der Förderung

Nach Wegfall der geplanten Kontrollgruppe war ein Nachweis der Effizienz eines Einsatzes der Gleitzeile im Unterricht mit Anfängern nicht mehr möglich.

Ein wesentliches Ziel der Arbeit mit der Gleitzeile in der Anfänger-Gruppe mußte es sein, den Leselernprozeß von Anfängern zu unterstützen und - wenn möglich - zu beschleunigen.

Darüber hinaus sollte die Hypothese 1 *"Die computerunterstützte Gleitzeile wird von Teilnehmern an Alphabetisierungskursen als neues Lernmedium angenommen."* überprüft werden.

Anliegen des Förderunterrichts war es, den individuellen Leselernprozeß optimal zu fördern. Dabei sollten Leistungsdruck und Mißerfolge nach Möglichkeit vermieden und bestehende Versagensängste nicht bestätigt werden. Analphabeten sind oft durch eine lange Kette negativer Erfahrungen geprägt; diese gilt es, durch Erfolgserlebnisse zu durchbrechen.

Der inhaltliche Aufbau eines Förderprogramms erfolgte nach einer Einstufung des Teilnehmers, bei der seine Lesefähigkeit überprüft und erste Hypothesen über vorliegende Leselernprobleme aufgestellt wurden. Wöchentliche Gespräche mit der zuständigen Weiterbildungslehrerin dienten dazu, Informationen über die besonderen Lernprobleme des Teilnehmers im Unterricht in das spezifische Förderungsprogramm miteinzubeziehen.

In den Abb. 2 a/b sind die individuellen Leseleistungsprofile der geförderten Teilnehmer zu Beginn des Förderunterrichts - eingeschränkt auf zehn wichtige Kriterien - veranschaulicht.

Angepaßt an den Leistungsstand des jeweiligen Leseanfängers wurden folgende Übungen durchgeführt:

1. Übungen zur visuellen und auditiven Differenzierung von Buchstaben/Lauten:
   - Buchstaben-Training
   - Wörterreihen mit dem Laut im An-, In- und Auslaut,
   - Minimalpaare (Paare mit visuell ähnlicher Wortgestalt und Unterschied in einem Vokal/Konsonanten),
   - Sätze mit minimalen Veränderungen.

2. Übungen zur Lautsynthese:
   - Verschleifungsübungen mit einzelnen Wörtern mit langen Vokalen im Anlaut (Oma),
   - mit Gleitkonsonanten im Anlaut (Laus),
   - Verbindungen mit Explosivlauten im Anlaut.

Lesefähigkeit \ Teilnehmer	fehlende Buchstabenkenntnis	visuelle Diskrimination	Synthese bei Silben	Lesen von einsilbigen Wörtern	Unterscheidung von ähnlichen Wortbildern	Unterscheidung von Wortbedeutungen u. Sinneinhalten
Karlheinz	p,u,t,q, X,Ü,ö,eu, st,sp,f,b	gut	mittel	mittel nicht in,ja	schwach	schwach
Michael	d,t,p,ü, eu,ei,au, sch,st,sp, ch,q	gut	mittel	mittel nicht ja,nein auf,dein	gut	gut
Waltraud	au,ei,ie, m,n,sch,st, sp,ch,q,ä, ö,ü	gut	mittel	gut	mittel	gut
Karl	j,q,y,o,u, i,eu,au	mittel	schwach	mittel	mittel	gut
Hans-Joachim	y,q,ä,ö,ü	gut	gut	schwach	gut	mittel

Abb. 2 a

Lesefähigkeit / Teilnehmer	Lesen von kurzen Sätzen (28 Wörter insgesamt)	Motivation	Konzentration	häufige Lesefehler / Ist-Zustand der Lesefähigkeit
Karlheinz	----	schwach	schwach	Verwechslung von Buchstaben und Lauten wie u-o, i-e, f-t, b-d; Lautwert nicht bekannt; Syntheseschwierigkeiten; häufig Umstellungsfehler; Wortdurchgliederungsprobleme
Michael	gut	gut (sehr stark ausgeprägt)	gut	Endungen; Lautwert nicht bekannt; Sytheseschwirigkeiten
Waltraud	schwach	gut	mittel	Endungen; Erraten von Wörtern aufgrund eines auffallenden opt.-figuralen Merkmals; Lautwert nicht bekannt; Syntheseschwierigkeiten
Karl	schwach	gut	gut	Verwechslung von Selbstlauten; Konsonantenhäufungen; Best. Buchstaben- und Lautgruppen; Syntheseschwierigkeiten
Hans-Joachim	gut	gut	mittel	Verwechslung von Lauten/Buchstaben; Verwechslung von ähnlichen Wortbildern; Hinzufügen von Lauten; Konsonantenhäufungen in der Wortmitte (z.B. sterben)

Abb. 2 b

3. Übungen zur Einführung bzw. zum Training bestimmter Phoneme/Grapheme und Phonem/Graphem-Gruppen z.B.: Diphthonge, sp, st, sch.
4. Übungen zu Konsonantenhäufungen (tr, schr, br, dr, kl, bl, schw, pfl, chs, cks, u.a.).
5. Übungen zur Unterscheidung von langen und kurzen Vokalen und der Konsonantendopplung.
6. Übungen zur Wortdurchgliederung (Silben, Morpheme).

Als Sprachmaterial wurden sinnvolle Wörter und kurze Sätze verwendet, die dem für diesen Verwendungszweck neu sortierten Grundwortschatz von C.L. Naumann entnommen wurden (NAUMANN 1986).

4.1.2 Durchführung des Förderunterrichts

Der Förderunterricht mit Anfängern wurde parallel zu dem Lese- und Schreibunterricht (8.30 - 11.00 Uhr) des Vollzeitprojektes durchgeführt. Er fand dreimal wöchentlich mit einer Dauer von 20-30 Minuten für jeden Teilnehmer statt.
Der gesamte Förderungsumfang wird in der folgenden Übersicht deutlich:

Karlheinz	28 Fördereinheiten
Michael	39 Fördereinheiten
Waltraud	21 Fördereinheiten
Karl	42 Fördereinheiten
Hans-Joachim	30 Fördereinheiten

Am Beispiel eines Teilnehmers soll veranschaulicht werden, wie die Übungsschwerpukte für den Förderunterricht aufgrund des Leseleistungsprofils aus der Einstufungsberatung, einer Verlesungsanalyse und des Teilnehmerinteresses individuell vorbereitet wurden.
Die Übungstexte - bestehend aus Wortlisten, Sätzen und einem kurzen zusammenhängenden Text - wurden jeweils für eine oder mehrere Fördereinheiten mit Hilfe des PC's erstellt und in das Lesegerät eingegeben.

1. Syntheseübungen
   - z.B. Silben mit Gleitkonsonanten im Anlaut,
   - zweisilbige Wörter mit KVKVK-Folge (3 FE),
2. Einführung bestimmter Phonem-Graphem-Beziehungen (z.B. ei, sch, au, st, Umlaute, sp, pf, v, w),
3. a. Konsonantenhäufungen im Anlaut (z.B. Krug, Treue)
   b. Konsonantenhäufungen in der Mitte des Wortes,
4. seltenere Buchstaben/-kombinationen und Laute (z.B. z, qu, x, y, chs, ng),

5. Unterscheidung von kurzen und langen Vokalen
   a kurze Vokale
   b Doppelkonsonanten
   c ck
   d lange Vokale
   e Dehnungs-h, Doppelvokale,

6. Übungswörter mit ähnlichen Endungen/Endmorphemen.

Der Umfang eines Übungsschwerpunktes richtete sich nach dem Lernerfolg und der Motivation des Teilnehmers. Die inhaltlichen Überlegungen wurden gemeinsam mit dem Teilnehmer durchgeführt.
Die Kombination eines Druckers mit dem Lesegerät ermöglichte im Anschluß an das Lesen mit der Gleitzeile eine Wiederholung für den Teilnehmer anhand des ausgedruckten Übungstextes. Außerdem konnte der Förderlehrer anhand der schriftlichen Vorlage noch vorhandene Schwierigkeiten, Lesefehler und Interessen des Teilnehmers notieren. Damit war eine schriftliche Grundlage gegeben, Lernfortschritte im Lesen und "Verlesungen" zu analysieren.
Äußerungen wie "Ich kann das <pf> noch nicht" oder "Ich verwechsel' immer das <u> und das <o>" kamen sehr häufig von den Teilnehmern selbst und wurden für die nächste Fördereinheit berücksichtigt. Wichtig war das Besprechen der großen oder kleinen Fortschritte und das gemeinsame Feststellen, was nach einer Übungseinheit keine Schwierigkeiten mehr bereitet.
Durch die Situation der Einzelförderung und aufgrund der Möglichkeiten des computerunterstützten Lesegeräts konnten die Teilnehmer den eigenen Lernerfolg sehr gut selbst überprüfen. Für viele bedeutete dies eine Verstärkung der intrinsischen Motivation. Die Teilnehmer entwickelten in den meisten Fällen einen starken persönlichen Ehrgeiz, weniger Fehler bei Texten mit unterschiedlichen Schwierigkeitsgraden zu machen.

4.1.3 Erfahrungen und Ergebnisse

Hypothese 1
Die computerunterstützte Gleitzeile wird von den Teilnehmern an Alphabetisierungskursen als neues Lernmedium angenommen. wurde eindeutig bestätigt. Alle in der Anfänger-Gruppe geförderten Personen arbeiteten gerne mit dem Lesegerät. Das heißt, daß Analphabeten keine Scheu vor neuen Lernmedien haben.

Teilnehmer	Zu Beginn des Förderunterrichts	Grad der Schwierigkeit Nach 10 Fördereinheiten	Am Ende des Förderunterrichts
Karlheinz	groß	groß	mittel
Michael	gering	gering	gering
Waltraud	groß	mittel	gering
Karl	mittel	mittel	gering
Hans-Joachim	gering	gering	gering

Auswertung: -groß, -mittel, -gering

Abb. 3: Häufige Verwechselung ähnlicher Wortbilder

Teilnehmer	Zu Beginn des Förderunterrichts	Grad der Schwierigkeit Nach 10 Fördereinheiten	Am Ende des Förderunterrichts
Karlheinz	groß	groß	mittel
Michael	gering	gering	gering
Waltraud	groß	mittel	gering
Karl	mittel	mittel	gering
Hans-Joachim	gering	gering	gering

Auswertung: -groß, -mittel, -gering

Abb. 4: Verwechslung ähnlicher Buchstaben und Laute

Teilnehmer	Grad der Schwierigkeit		
	Zu Beginn des Förderunterrichts	Nach 10 Fördereinheiten	Am Ende des Förderunterrichts
Karlheinz	groß	gering	gering
Michael	mittel	gering	gering
Waltraud	groß	groß	groß
Karl	groß	mittel	gering
Hans-Joachim	groß	mittel	gering

Auswertung: -groß, -mittel, -gering

Abb. 5: Benennen der Buchstabennamen / Lautwert nicht bekannt

Teilnehmer	Grad der Schwierigkeit		
	Zu Beginn des Förderunterrichts	Nach 10 Fördereinheiten	Am Ende des Förderunterrichts
Karlheinz	mittel	mittel	mittel
Michael	groß	gering	gering
Waltraud	groß	groß	groß
Karl	groß	mittel	gering
Hans-Joachim	groß	groß	mittel

Auswertung: -groß, -mittel, -gering

Abb. 6: Probleme bei dem Verschleifen von Lauten und bei der Lautsynthese

Darüber hinaus läßt sich festhalten:

- In der Arbeit mit Lese- und Schreibanfängern/innen ist die Gleitzeile besonders zum Erlernen und zum Training bestimmter Fähigkeiten geeignet:
    - Synthese von Lauten,
    - Durchgliedern von Wörtern,
    - Erkennen der richtigen Reihenfolge der Phoneme/Grapheme und
    - Erlernen der richtigen Leserichtung.

- Wie die folgenden Abbildungen zeigen, ist bei den meisten geförderten Teilnehmern eine Verbesserung des Wortbilderkennens (Abb. 3), der Diskriminationsfähigkeit ähnlicher Buchstaben und Laute (Abb. 4), der Lautsynthese (Abb. 5) und der Graphem-Phonem-Korrespondenz (Abb. 6) festzustellen. Besonders groß sind die Fortschritte von Karl, Michael, Hans-Joachim und Waltraud.

Bei allen geförderten Teilnehmern aus dem Anfängerbereich läßt sich insgesamt eine Verbesserung der Lesefähigkeit erkennen. Auch konnten Lesehemmungen und -ängste abgebaut werden.
- Es bestätigte sich, daß das Lerntempo der einzelnen Teilnehmer sehr unterschiedlich ist. Ihr Lerntempo ist in der Regel eher langsamer und für ihr Lernen sind regelmäßige und wiederholende Übungen besonders wichtig. Ausnahme war ein Teilnehmer, der innerhalb der Förderzeit grundlegende Kenntnisse im Lesen erwarb und dessen Lernfortschritt so groß war, daß er in die Gruppe der Fortgeschrittenen wechseln konnte (Michael).
- Bei den Teilnehmern, die in der Schule mit einen ganzheitlichen Leseverfahren unterrichtet wurden, waren die Lernfortschritte zu Beginn des Förderunterrichts langsamer; dies änderte sich nach einer gewissen Gewöhnungszeit. Das sukzessive Hineingleiten des Textes wirkte dem bloßen Worterkennen und "Erraten" entgegen, so daß die Teilnehmer ihre Lesestrategien erweiterten.
- Für alle geförderten Leseanfänger läßt sich bestätigen:
    - Das Gleiten der Wörter auf dem Bildschirm erhöhte die Aufmerksamkeit.
    - Die durch das Sichtfenster reduzierte Textmenge wirkte sich positiv auf die Lesegenauigkeit aus.

Die Teilnehmer waren sehr motiviert, mit dem computerunterstützten Lesegerät zu arbeiten, die Akzeptanz des neuen technischen Mediums war hoch.[2]

---

[2] vgl. zu der Anwendung der Methode des strukturierten narrativen Interviews: Döbert-Nauert, Marion: Verursachungsfaktoren des Analphabetismus. Bonn-Frankfurt 1985. Die Gesprächsaussagen werden hier jedoch schwerpunktmäßig unter dem Gesichtspunkt Lebenswelterfahrung und Selbstbild als begünstigende Bedingung für Analpha-

4.2 Förderung von Fortgeschrittenen mit der Gleitzeile

Das computerunterstützte Lesegerät wurde auch zur Förderung von fortgeschrittenen Teilnehmern eingesetzt. Die Teilnahme am Förderunterricht war freiwillig. Insgesamt wurden 15 Personen gefördert.

4.2.1 Teilnehmergruppen und ihre schriftsprachlichen Voraussetzungen

Die Gruppe der geförderten Teilnehmer war sowohl in bezug auf ihre sozialen als auch leistungsbezogenen Voraussetzungen sehr heterogen.
Insgesamt waren es acht Teilnehmer des Tageskurses und sieben Teilnehmer eines Abendkurses, die über einen längeren Zeitraum gefördert wurden.
Das Alter lag zwischen 25 und 44 Jahren bzw. 21 und 66 Jahren, die schulische Vorbildung reichte von der Sonderschule bis zur Realschule.
Die Teilnehmer des Tageskurses waren arbeitslos und lebten zum Teil in schwierigen sozialen Verhältnissen, die des Abendkurses lebten in relativer finanzieller und sozialer Sicherheit.
In der Regel war die Lernmotivation der Teilnehmer am Förderunterricht hoch. Durch aktuelle Ereignisse im sozialen Umfeld und gesundheitliche Probleme traten jedoch immer wieder "Lernstörungen" auf, die mit den normalen Leistungen nicht in Einklang standen.
Auf eine ausführliche Beschreibung dieser Probleme soll hier verzichtet werden, da sie nicht zu totalem Lernversagen, sondern nur zu Interferenzen im sonst kontinuierlich fortschreitenden Lernprozeß führten.
Das schriftsprachliche Leistungsspektrum der Teilnehmer begann beim fortgeschrittenen Leseanfänger und endete beim schlechten Leser mit häufigen Verlesungen.
Kleinere, einfache Texte konnten in der Regel ohne große Schwierigkeiten gelesen werden, wobei die Diskrepanz zwischen dem richtigen Lesen einzelner Wörter im Textzusammenhang und den Verlesungen bei isolierter Darbietung der gleichen Wörter auffällig war. D.h. viele Wörter konnten nur aufgrund der Texterwartung gelesen (erraten), nicht aber durchgliedernd erlesen werden.
Alle Teilnehmer hatten Schwierigkeiten mit der Durchgliederung langer Wörter und von Wörtern mit schwierigen und/oder seltenen Konsonantengruppen.
Eine dominante Ratestrategie hatte bei einigen Teilnehmern bisher den Aufbau einer konstanten Durchgliederungsfähigkeit verhindert.
Die Unterscheidung visuell ähnlicher Buchstaben wie <m>, <n>, <h>, <d>, <b>, <i>, <l> (z.B. Welt statt weit) bereitete Probleme, aber auch die Unterscheidung auditiv ähnlicher Buchstaben wie <m - n> - /m - n/, <r - ch> - /r -ch/, <k - t> - /k - t/ (z. B. Bach statt Bar).
Auch seltene Buchstaben-Lautverbindungen wie <y> - /y/, <x> - /x/, <j> - /j/ wurden überwiegend nicht beherrscht, in einigen Fällen auch häufige Buchstaben-Lautverbindungen sowie die einfache Buchstaben-Lautsynthese.

häufige Buchstaben-Lautverbindungen sowie die einfache Buchstaben-Lautsynthese.
Fast alle Teilnehmer lasen sehr langsam, wenige - verleitet durch Grund-/Sichtwortschatz und Ratestrategie - schneller mit häufigen Stockungen und/oder sinnentstellendem Raten.

4.2.2 Zielsetzung und methodischer Aufbau der Untersuchung

Mit dem Einsatz der computerunterstützten Gleitzeile im Förderunterricht mit fortgeschrittenen Kursteilnehmern waren zwei Ziele verknüpft:

1. Jeder Teilnehmer sollte auf seinem "Weg zur Schrift" individuell unterstützt werden.
2. Die Hypothesen aus 3.4 - besonders die Hypothese 2 *Nach einer Unterrichtssequenz mit integrierter Förderung mittels Gleitzeile machen Teilnehmer deutlich weniger Verlesungen bezogen auf den vorhergehenden Testzeitpunkt als nach einer Unterrichtssequenz ohne integrierte Förderung* und die Hypothese 3 *Nach einer Unterrichtssequenz mit integrierter Förderung mittels Gleitzeile lesen Teilnehmer deutlich schneller bezogen auf den vorhergehenden Testzeitpunkt als nach einer Unterrichtssequenz ohne integrierte Förderung* - sollten überprüft werden.

Auch in der Fortgeschrittenen-Gruppe konnte eine Aufteilung in ein Versuchs- und eine Kontrollgruppe wegen der oben genannten Rahmenbedingungen nicht vorgenommen werden.
Um Aussagen zu Effektivität der Förderung mit der Gleitzeile machen zu können, wurde folgende Alternative entwickelt:
Nach einem Eingangstest T 0 wurde jeder Teilnehmer in 5 Sitzungen a 30 Minuten parallel zum normalen Unterricht gefördert. (Für die Tageskursteilnehmer wurden abweichend 10 Sitzungen durchgeführt.)
Im Anschluß an die Fördersequenz folgte Test T 1. Nach einer zeitlich etwa der Fördersequenz entsprechenden Unterrichtssequenz ohne Förderung folgte Test T 2. Nach Test T 2 wurde wiederum parallel zum Unterricht 5 x 30 Minuten gefördert. Im Anschluß an die zweite Fördersequenz folgte Test T 3. Nach einer weiteren zeitlich etwa der Fördersequenz entsprechenden Unterrichtssequenz ohne Förderung folgte Test T 4.
Für die Tests wurde eine überarbeitet Form des Leseteils des Aachener-Aphasie-Tests verwendet, der durch verschiedene kürzere Lesetexte ergänzt wurde (Abb. 7).

Teilnehmer: .... Datum: ....

Lesezeit: ....

Laute:

o   a   ä   ai   t   p   k   sch   f   ch

Einsilbige Wörter:

Amt   froh   Mond   Glut   Star   Horst   sprich   Knirps
Twist   Stumpf

Einsilbige, mehrsilbige und zusammengesetzte Wörter:

Mal   Los   Bein   Tal   Schacht   Ast   Sport   Schlacht
schlicht   lesen   Zunge   Hamster   Kleister   Starter
Umleitung   Grausamkeit   Fernsehgerät   Einsamkeit   Etage
Bordsteinkante

Ich gehe zur Post. Ich bade im Bach. Sie kauft Brot und Milch. Der Mann arbeitet auf dem Bau. Ich wohne in Aachen. Hier gibt es viele Brunnen. Viele Besucher besichtigen den Dom und das Rathaus.

Kurz-Text:

Wasser als Lebensraum

Viele Tiere leben im Wasser. Manche können ständig unter Wasser bleiben, andere tauchen zum Atmen auf. Fische können immer unter Wasser bleiben, weil sie Kiemen haben. Wale haben Lungen. Sie müssen auftauchen, um zu atmen. Neben Fischen und Säugetieren leben im Wasser viele Pflanzen und Kleintiere.

Abb. 7

Die Tests wurden in konventioneller Weise durchgeführt. Den Teilnehmern wurden Karten mit Wörtern und Sätzen vorgelegt, die sie zu lesen hatten. Verlesungen wurden auf dem Testblatt (Abb. 7) notiert, die für das Lesen benötigte Zeit festgehalten.

Aus zeitlichen und organisatorischen Gründen konnten nicht mehr als drei Fortgeschrittene gleichzeitig gefördert werden. Der Förderunterricht fand in der Regel zweimal pro Woche statt. Für jeden Teilnehmer standen etwa 30 Minuten zur Verfügung.
Zu Beginn der Fördersequenzen wurde von allen Teilnehmern anhand einer Verlesungsanalyse des Tests T o ein Leseleistungsprofil erstellt.
Die so festgestellten Verlesungsschwerpunkte waren in Absprache mit den Weiterbildungslehrern Grundlage für die inhaltliche Arbeit im Förderunterricht. Im Laufe einer Fördersequenz wurde an einem oder zwei Verlesungsschwerpunkten gearbeitet. Die Kombination von Wortlistentraining, Arbeit mit Minimalpaaren und dem Lesen von Sätzen oder kurzen Texten in einer Fördereinheit sollte einerseits das Erlesen von Wörtern mit bestimmten Schwierigkeiten sichern, andererseits den Lesefluß erhöhen. Hierbei wurde vor allem das überarbeitete Wortmaterial der Naumannschen Wortlisten verwendet (vgl. NAUMANN 1986).
Die während einer Fördereinheit gemachten Verlesungen wurden auf einem Computerausdruck der Fördereinheit dokumentiert.
Nach einer Fördersequenz wurden alle Teilnehmer in etwas modifizierter Form getestet. Danach folgte für den Teilnehmer eine Unterrichtssequenz ohne Förderung. Dieses Vorgehen wiederholte sich nach jeder Fördersequenz.

4.2.3 Ergebnisse

Auch für die Gruppe der Fortgeschrittenen kann die Hypothese 1
"Die computerunterstützte Gleitzeile wird von Teilnehmern an Alphabetisierungskursen als neues Lernmedium angenommen"
eindeutig bejaht werden.
Alle Teilnehmer haben das Gerät und die Arbeit mit der Gleitzeile positiv angenommen. Die Arbeit am Gerät war durch eine in der Regel hohe Motivation bestimmt, da sie häufig Erfolgserlebnisse verschaffte.

Hypothese 2
"Nach einer Unterrichtssequenz mit integrierter Förderung mittels Gleitzeile machen Teilnehmer deutlich weniger Verlesungen bezogen auf den vorhergehenden Testzeitpunkt als nach einer Unterrichtssequenz ohne integrierte Förderung".

Bei allen Teilnehmern kann nach Ende einer Fördersequenz eine deutliche Verbesserung des Verlesungsquotienten festgestellt werden. Verbesserungen der Leseleistung während einer Unterrichtssequenz ohne Förderung sind nicht nachzuweisen. Somit ist die Hypothese bestätigt.

Die Graphiken in Abb. 8 und 9 veranschaulichen die Entwicklung der individuellen Leseleistung der Teilnehmer getrennt nach Tages- und Abendkurs.

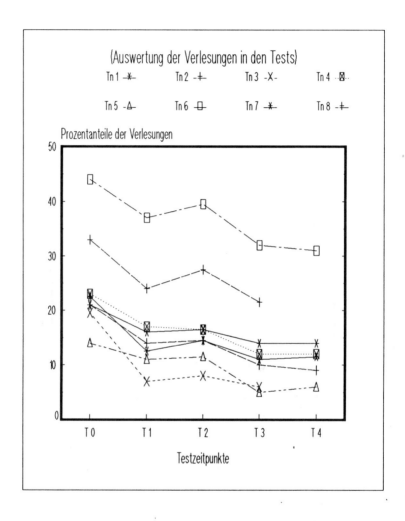

Abb. 8: Entwicklung der Leseleistung der Tageskursteilnehmer

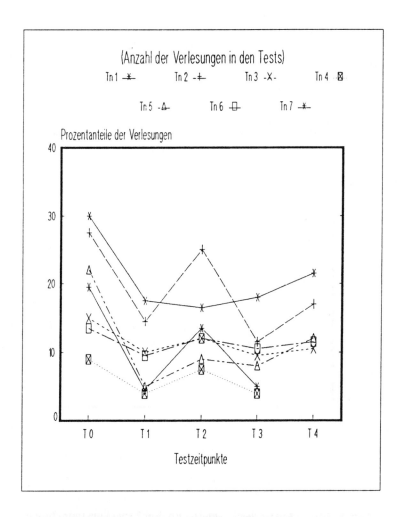

Abb. 9: Entwicklung der Leseleistung der Abendkursteilnehmer

Die Entwicklung der Anteile der Verlesungen im Text sind gut zu erkennen und weisen nach den Fördersequenzen eindeutig niedrigere Werte auf.
Sowohl die Graphiken als auch die Tabelle des durchschnittlichen Anteils verlesener Wörter bezogen auf die Menge der Wörter im gelesenen Text

(Abb. 10) zeigen, daß nach Fördersequenzen deutlich weniger Verlesungen auftreten als nach Unterrichtssequenzen ohne Förderung.

	T_0	T_1	T_2	T_3	T_4^*
Tages- gruppe (N=8)	24,7	17,3	18,6	13,9	13,9
Abend- gruppe (N=7)	19,5	9,3	13,7	9,5	14,5
Gesamt- gruppe (N=15)	22,3	13,6	16,3	11,9	14,2

* bei Test 4 weniger Teilnehmer

Abb. 10: Durchschnittlicher proz. Anteil verlesener Wörter im Text

Die Tabelle der Veränderungen der Verlesungshäufigkeit in Prozent (Abb. 11) zeigt, daß die Zahl der Verlesungen nach der ersten Fördersequenz in der Gruppe der Abendkursteilnehmer deutlich stärker abnimmt. Während Tageskursteilnehmer durchschnittlich 32 % weniger Verlesungen machen, weisen Abendkursteilnehmer 56,4 % weniger Verlesungen auf.

Erstaunlich ist die relative Zunahme der Zahl der Verlesungen nach Unterrichtsphasen ohne Förderung, die durch die Graphiken (Abb. 8 u. 9) und die Tabelle (Abb. 11) belegt wird.
Nach der ersten Unterrichtssequenz ohne Förderung werden durchschnittlich 36,1 % mehr Verlesungen gemacht als nach der vorangehenden Fördersequenz. Auffallend ist wiederum der große Unterschied zwischen Tages- und Abendkurs (vgl. Abb. 11).
Nach Abschluß der zweiten Fördersequenz nimmt die Zahl der Verlesungen weniger stark ab. Immerhin werden im Durchschnitt im Vergleich zum vorhergehenden Test T 2 28,2 % weniger Verlesungen gemacht. Die Ergebnisse von Tages- und Abendkurs unterscheiden sich nur minimal (vgl. Abb 11).
Auch die relative Zunahme der Zahl der Verlesungen nach der zweiten Unterrichtssequenz ohne Förderung (T 4) fällt geringer aus. Im Durchschnitt wurden 13,5 % mehr Verlesungen gemacht als nach der vorhergehenden Fördersequenz (T 3).

Wieder fällt der große Unterschied zwischen Tageskursteilnehmern (1,9 %) und Abendkursteilnehmern (27,4 %) auf (vgl. Abb. 11).

	T_0-T_1	T_1-T_2	T_2-T_3	T_3-T_4 *
Tages- gruppe (N=8)	-32,0	+7,4	-27,4	+1,9
Abend- gruppe (N=7)	-56,4	+68,9	-29,1	+27,4
Gesamt- gruppe (N=15)	-43,4	+36,1	-28,2	+13,5

* bei Test 4 weniger Teilnehmer

Abb. 11: Durchschnittliche Veränderung des proz. Anteils der verlesenen Wörter im Text

Insgesamt kann festgestellt werden:

Während der etwa fünf-monatigen Untersuchungsphase hat sich die Leseleistung der Untersuchungsteilnehmer eindeutig verbessert. Die zu Beginn der Untersuchung festgestellten durchschnittlichen 22,3 % Verlesungen reduzierten sich auf durchschnittlich 14,2 % im letzten Test (T 4), dies entspricht einer Abnahme der Verlesungen um 64 %.
Nach den beiden Fördersequenzen nahm die Zahl der Verlesungen um durchschnittlich 43,4 % bzw. 28,2 % ab, nach Unterrichtssequenzen ohne Förderung nahm die Zahl der Verlesungen um durchschnittlich 36,1 % bzw. 13,5 % zu.

Hypothese 3
Nach einer Unterrichtssequenz mit integrierter Förderung mittels Gleitzeile lesen Teilnehmer deutlich schneller bezogen auf den vorhergehenden Testzeitpunkt als nach einer Unterrichtssequenz ohne integrierte Förderung.

Ausgehend von einer durchschnittlichen Lesezeit von 100 % (T o) verringerte sich die für den Lesetest benötigte Lesezeit auf 76 % (T 4). Nach einer Fördersequenz nahm die Lesezeit ab, nach einer Unterrichtssequenz ohne Förderung blieb sie verglichen mit dem vorhergehenden Test konstant.

	T0	T1	T2	T3	T4
durchschnittliche Lesezeit	100%	86%	89%	72%	74%

Abb. 12: Veränderung der durchschnittlichen Lesegeschwindigkeit

Auch Hypothese 3 hat sich demnach - bezogen auf das Lesen gedruckter Texte - bestätigt.

Bezogen auf das Lesen mit der Gleitzeile kann festgestellt werden, daß im Laufe einer Fördersequenz die Lesegeschwindigkeit der Untersuchungsteilnehmer in der Regel verdoppelt werden konnte. Während die Teilnehmer zu Beginn der Förderung noch mit Geschwindigkeit 1 oder 2 der Gleitzeile lasen, wurde gegen Ende der Förderung in der Regel mit Geschwindigkeit 3 gearbeitet. Dies bedeutete eine Verdopplung oder sogar eine Vervierfachung der Lesegeschwindigkeit beim Lesen mit Hilfe der Gleitzeile.

4.2.4 Diskussion der Ergebnisse

Die in 4.2.3 aufgezeigten Ergebnisse sind natürlich auch Ergebnisse des Unterrichts im Tages- und Abendkurs. Sie sind nicht - zumindest nicht eindeutig - nur auf die Förderung mit der Gleitzeile zurückzuführen. Vielleicht reichte das Faktum einer an den Leseschwierigkeiten orientierten gezielten Einzelförderung aus, um den gezeigten Erfolg zu erreichen.

Allerdings lassen die angeführten Leistungsprofile eine positive Beeinflussung der Leseleistung durch den Förderunterricht vermuten. Um dies eindeutig zu klären, sind weitere Untersuchungen unter besseren Rahmenbedingungen notwendig.

Die unterschiedlichen Ergebnisse des Tages- und Abendkurses sind erklärbar:

1. Das Eingangsniveau der Abendkursteilnehmer war höher. Sie machten zu Beginn der Untersuchung weniger Verlesungen als die Tageskursteilnehmer.

2. Bezogen auf die Zahl der Unterrichtsstunden war die Bedeutung der Fördersequenzen für die Abendkursteilnehmer größer. Dies zeigt sich einerseits in der zahlenmäßig großen Abnahme von Verlesungen nach der ersten Fördersequenz (56,4 %), andererseits in der hohen Zunahme der Verlesungen nach der ersten Unterrichtssequenz ohne Förderung (68,9 %) (vgl. Abb 11).

Für die Gruppe der Fortgeschrittenen bestätigte sich darüber hinaus:

Nach Fördersequenzen mit der Gleitzeile reduzierte sich die benötigte Lesezeit in höherem Maß als nach Unterrichtssequenzen ohne Förderung. Nach Fördersequenzen mit der Gleitzeile wurden weniger Verlesungen gemacht als nach Unterrichtssequenzen ohne Förderung. Es scheint sich zu bestätigen, daß die reduzierte Textmenge und das Gleiten der Zeichen eine erhöhte Aufmerksamkeit beim Lesen provozieren, die auch auf vom Blatt gelesene Texte übertragen wird.

6. Literatur

Büttner/Krischer/Meisen, Characterization of gliding text as a reading stimulus. In: Bulletin of Psychonomic Society 1985, 23(6), 479-482.

Döbert-Nauert, Marion, Verursachungsfaktoren des Analphabetismus. Hgg. v. D.V.V., Bonn-Frankfurt/Main 1985.

Drecoll, Frank/Müller, U. (Hgg.), Für ein Recht auf Lesen. Analphabetismus in der Bundesrepublik Deutschland. Frankfurt/Main 1981.

Ehling, Bettina et al., Über Analphabetismus in der Bundesrepublik Deutschland. Erste Überlegungen und Erfahrungen bei der Alphabetisierung deutschsprachiger Erwachsener. Bonn 1981.

Giese, H./Gläß, B. (Hgg.), Analphabetismus in der BRD I. Osnabrück 1989.

Kamper, Gertrud, Analphabetismus trotz Schulbesuch. Zur Bedeutung elementarer Fähigkeiten für Schwierigkeiten beim Lesen- und Schreibenlernen. Berlin 1990.

Naumann, Carl Ludwig, Rechtschreibwörter und Rechtschreibregelungen. Hgg. v. Landesinstitut für Schule und Weiterbildung, Soest 1986.

Rita Huppertz & Johannes Stoffers, M.A.
Germanistisches Institut der RWTH Aachen
Lehrstuhl für Deutsche Philologie
Eilfschornsteinstr. 15
5100 Aachen

Sprache und Technik
Th. Becker, L. Jäger, W. Michaeli, H. Schmalen (Hgg.)
Gestalten verständlicher technischer Texte
256 S., br., 58,- DM ISBN 3-89399-099-2

Das Problem ist alt, doch hat seine Virulenz gerade in unserer hochspezialisierten Welt eher zugenommen: wie können komplexe naturwissenschaftliche oder technische Fachtexte verständlich und adressatengerecht gestaltet werden?
Der vorliegende Sammelband vereinigt zu diesem Thema Beiträge aus verschiedenen Wissenschaftsdisziplinen und sucht auf der Basis von interdisziplinärem Erfahrungsaustausch nach Lösungsmöglichkeiten. Darüber hinaus werden Anregungen für die tägliche Arbeit des technischen Redakteurs gegeben. Ziel des Bandes ist es, eine praktische Hilfestellung zur Formulierung und Gestaltung technischer Texte zu geben.

Reiner Pogarell
Linguistik im Industriebetrieb
Eine annotierte Auswahlbibliographie
110 S., br., 24,- DM ISBN 3-924007-64-0

Moderne Industriebetriebe können nur dann konkurrenzfähig funktionieren, wenn Sie ihre vielfältigen Kommunikationsabsichten optimal realisieren, das heißt, daß Sprache richtig, am richtigen Ort und auf dem richtigen Weg eingesetzt werden muß. Hier bietet sich der Sprachwissenschaft ein neues und zukunftsweisendes Betätigungsfeld.

M.S. Fischer (Hg.)
Mensch und Technik
Literarische Phantasie und Textmaschine
177 S., br., 38,- DM ISBN 3-924007-54-3

Im Zentrum des Symposiums an der RWTH Aachen standen die Fragen nach der Rolle des Computers im kulturellen und sozialen Bereich unserer Gesellschaft und die Frage nach den Voraussetzungen, unter denen der Computer ein sinnvolles Werkzeug des Menschen ist und bleiben kann.

Alano Verlag/Rader Publikationen
Kongreßstr 5, D-5100 Aachen

Das Medium der Medien

Publizistik

Vierteljahreshefte für Kommunikationsforschung

Zeitschrift für die Wissenschaft von Presse · Rundfunk · Film · Rhetorik · Öffentlichkeitsarbeit · Werbung · Meinungsbildung

Expandierender Medienkonsum im Zeitalter der Informationsgesellschaft ist eines. Wie welche Medien wo und wann funktionieren und wirken ein anderes. Von kompetenten Publizisten und Wissenschaftlern darüber alles in »Publizistik«.

»Publizistik« erscheint im 35. Jahrgang und wurde 1956 mitbegründet von Emil Dovifat, Walter Hagemann, Günter Kieslich »Hier kommen alle bekannten und viele umstrittene Publizistikwissenschaftler zu Wort... «(Tagesanzeiger, Zürich)

*

Jahresabonnement (4 Hefte) DM 96,–, für Studenten:DM 48,–.

Postfach 10 20 51 · 7750 Konstanz